स्वातन्त्र्य वीर सावरकर

स्वातन्त्र्य वीर सावरकर

लेखक
राकेश कुमार आर्य
संपादक :
उगता भारत (दैनिक समाचार पत्र)

एस. कुमार एण्ड कम्पनी
नई दिल्ली-110002

ISBN	:	**978-93-95095-13-6**
सर्वाधिकार	:	सुरक्षित
प्रकाशक	:	**एस. कुमार एण्ड कंपनी** 3613, श्याम भवन, नेताजी सुभाष मार्ग, दरिया गंज, नई दिल्ली-110002
संस्करण	:	2022
मूल्य	:	450.00
टाइप सेटिंग	:	गुप्ता कम्यूनिकेशन, दिल्ली-32
मुद्रक	:	आर. के. ऑफसैट प्रौसेस, दिल्ली ।

Swatantraya Veer Sawarkar *by Rakesh Kumar Arya*

समर्पण

जिन्होंने कहा था कि भारतभूमि को अनिवार्य रूप से सभी को अपनी पितृभूः और पुण्यभूः स्वीकार करना होगा, और हम देखेंगे कि इसी उद्घोष से इस देश की अनेकों समस्याएं छूमन्तर हो जाएंगी। ऐसे दूर दृष्टा, स्पष्टवक्ता, भविष्यवक्ता और क्रान्तिवीर सावरकरजी को समर्पित श्रद्धा का एक पुष्प।

—लेखक

दो शब्द

क्रान्तिवीर सावरकर को स्वातन्त्र्य वीर सावरकर के रूप में भी जाना जाता है। भारत की स्वतन्त्रता के राष्ट्रीय आन्दोलन में उनका योगदान अप्रतिम और सराहनीय रहा है। स्वातन्त्र्य वीर सावरकर ही वह व्यक्तित्व थे जिन्होंने 1857 की सशस्त्र क्रान्ति को भारत के पौरूष का प्रथम स्वाधीनता संग्राम कहकर महिमामंडित किया था। 1907 में जब लंदन स्थित 'इण्डिया हाउस' में 1857 की क्रान्ति की पचासवीं वर्षगांठ का आयोजन किया गया तो उसमें स्वातन्त्र्य वीर सावरकर ने उस आन्दोलन को इसी रूप में याद करके अपने महान देशवासियों की भावनाओं का सम्मान करते हुए अपने क्रान्तिकारियों के पुरूषार्थ और बलिदानी भावना का श्रद्धापूर्वक स्मरण किया था।

स्वातन्त्र्य वीर सावरकर सदा ही अपने देश के हितों के लिए स्पष्टवादी रहे और किसी भी स्थिति परिस्थिति में उन्होंने विदेशी सत्ता के सामने झुकने की बात नहीं की। उन्होंने अवसर आने पर ब्रिटिश सत्ताधीशों सहित भारत के विभाजन की मांग करने वाली मुस्लिम लीग और उसके नेता मौहम्मद अली जिन्नाह को और गांधीजी व उनके राजनीतिक उत्तराधिकारी बने पं. जवाहरलाल नेहरू को खरी-खरी सुनाने में कोई कोताही नहीं बरती थी। इसका कारण केवल यही था कि सावरकरजी के लिए राष्ट्र सर्वप्रथम था। वह राष्ट्र के लिए जीए और राष्ट्र के लिए ही मरे। अन्तिम समय तक उनके व्यवहार और चिन्तन में राष्ट्र जीवित रहा।

ऐसे महामानव का जीवन चरित लिखा जाना या उन पर लेखनी चलाकर उनके सम्पूर्ण व्यक्तित्व को किसी पुस्तक में लाकर समाविष्ट करना हर किसी के लिए सम्भव नहीं है। यह कार्य बहुत की दुष्कर है। पर लेखनी के धनी इस पुस्तक के लेखक श्री राकेश कुमार आर्य ने इस पुस्तक को लिखकर गागर में सागर भरने का कार्य करते हुए इस प्रेरक महापुरूष के प्रेरक जीवन को हमारे सामने प्रस्तुत कर दिखाया है। जिसके लिए विद्वान लेखक बधाई और धन्यवाद के पात्र हैं।

पुस्तक संग्रहणीय है और आज की पीढ़ी के लिए बहुत ही उपयोगी है। इसमें विद्वान लेखक ने इतिहास के कई अनछुए पहलुओं को बड़ी विद्वत्ता से वर्णित करने का सराहनीय प्रयास किया है। भारत के इतिहास को जिस प्रकार कुछ लोगों ने विकृत करने का कार्य किया है उनके उस राष्ट्रघाती प्रयास को उजागर कर क्रान्तिवीर सावरकरजी के राष्ट्रवन्द्य स्वरूप को प्रकट करने वाली यह पुस्तक समकालीन इतिहास का एक प्रामाणिक दस्तावेज है।

आज भारत में इसी प्रकार के राष्ट्रवादी लेखन की आवश्यकता है। जिससे कि हमारी युवा पीढ़ी को अपने विषय में जानने व समझने का अवसर मिले और जो कुछ हमारे इतिहास को मिटाने का प्रयास किया जा रहा है उसे भी ठीक करने का उपाय समझ में आये। पुस्तक के लेखक को एक बार पुनः हार्दिक धन्यवाद।

भवदीय

–डॉ. आराधना

इतिहास विभागाध्यक्ष

चौधरी चरणसिंह विश्वविद्यालय मेरठ

प्राक्कथन

भारत का एक चित्र अपनी कल्पनाओं में बनाने का प्रयास कीजिए। सोचिये कि आप वृहत् भारत—आर्यावर्त का मानचित्र बना रहे हैं। उसके मध्य में भारत माता खड़ी है। जिसके हाथों में भगवा ध्वज है। अपनी दिव्य आभा से भारत माता सम्पूर्ण आर्यावर्त को दिव्य आलोक से आलोकित कर रही है। माँ भारती के इस दिव्य मानचित्र में एक ऐसी माला बनी हुई है—जो कि हमारे महान क्रान्तिकारियों के सिरों से बनी है, और वह माला माँ भारती के चित्र के चारों ओर एक ऐसा दिव्य आभामण्डल बना रही है, जिससे आर्यावर्त का यह मानचित्र आलोकित हो रहा है। सभी को अपनी ओर आकर्षित कर रहा है। इस माला में जिन दिव्यात्मा हुतात्मा और क्रान्तिकारियों को स्थान दिया गया है, उनमें सर्वाधिक महत्वपूर्ण स्थान है :—क्रान्ति पुरूष स्वातंत्र्य वीर सावरकर जी का।

सावरकर जी गीता के कर्मयोग में विश्वास रखते थे। उनके जीवन की जितनी ही अधिक समीक्षा की जायेगी उतना ही यह तथ्य प्रकट होता जायेगा कि उन्होंने कर्मयोगी श्री कृष्ण की गीता को घोटकर पी लिया था। गीता उनके रोम-रोम में रच-बस गयी थी। इसलिए गीता उनके लिए आचरण और व्यवहार की वस्तु बन गयी थी। यही कारण है कि **'परित्राणाय साधूनाम् विनाशाय च दुष्कृताम्'** का सारभूत तथ्य और जीवन सन्देश उनके जीवन का एक आवश्यक अंग बन गया था। वह जीवन भर सज्जनों के कल्याण के लिए और दुष्टों के संहार के लिए संघर्षरत रहे। इस भावना को उन्होंने अपना जीवनव्रत् बना लिया था, और इस जीवनव्रत से ही वह प्राण ऊर्जा लेते रहे।

"जीवन की जिस बेला को
लोग बिताते व्यसनों में।
महापुरूष उसे लगाते
देशोत्थान के कर्मों में।"

वास्तव में वीर सावरकर जी ने ऐसा ही किया और उन्होंने अपनी ज्ञान ऊर्जा, कर्म ऊर्जा और उपासना (राष्ट्रदेव के आराधक बने सावरकर जी को तनिक स्मरण करो) ऊर्जा को देशोत्थान के कर्मों में लगा दिया था। ऐसा समन्वय विश्व के महापुरूषों के जीवन में खोजना दुर्लभ है, कि व्यक्ति अपनी, ज्ञान ऊर्जा, कर्म ऊर्जा और उपासना ऊर्जा तीनों को ही देशोत्थान के कर्मों में लगा दें। बहुत लोग हैं जो अपने व्यसनों और वासना को छिपाने के लिए अपने जीवन को व्यक्तिगत जीवन और सार्वजनिक जीवन जैसे दो भागों में प्रस्तुत करते हैं, जिससे कि उनके व्यक्तिगत जीवन की काली छाया से लोगों का ध्यान सदा ही हटा रहे। पर भारत के महापुरूषों ने व्यक्ति के व्यक्तिगत जीवन को उसके सार्वजनिक जीवन की नींव मानकर उसे सबके लिए खुला छोड़ दिया है। जिससे कि उसका कुछ भी छिपा न रहे और उसका जीवन खुली पुस्तक बन जाये। सावरकर जी इसी मान्यता के पोषक थे। उन्होंने अपने व्यक्तिगत जीवन में भी अपनी ज्ञान ऊर्जा, कर्म ऊर्जा और उपासना ऊर्जा को राष्ट्र, समाज और संसार के कल्याण की उच्चतम अवस्था के पारमार्थिक वैश्विक मानस में ही व्यय होने दिया। बस यही उनकी महानता का वह रहस्य है जो हमें इनके प्रति आकर्षित करता है।

"तुम दिव्य बने तुम भव्य बने,
भारत के ऋषियों के शिष्य बने।
हे शस्त्र शास्त्र के उद्‌गाता! तुम
भारत माता के भविष्य बने ॥"

सावरकर जी ने अपने जीवन से व्यसन और वासना को चुन-चुन कर दूर किया और अपनी सांसों में राष्ट्र को रचा बसा लिया। अपनी भाभी के लिए उन्होंने जेल से पत्र लिखा–

"अनेक पुष्प उत्पन्न होते हैं, और सूख जाते हैं। कोई उनकी गिनती नहीं करता। किन्तु हाथी की सूंड द्वारा भगवान के श्री चरणों में समर्पित पुष्प अमर हो जाता है। इसी प्रकार हम तीनों भाई (सावरकर बन्धु) कमल पुष्प की भाँति भगवान श्री हरि (मातृभूमि) के चरणों में समर्पित हो कर अमर हो जायेंगे।

....देव कार्य हेतु बीजनाश होने वाली वंशलता अमर हो जाती है और उसकी लोकहित परिमल की सुगन्ध में समस्त दिशाएं व्याप्त हो जाती हैं।"

वह एक अन्य पत्र में अपनी भाभी के लिए लिखते हैं–

"प्रिय भाभी! हम लोग वार्तालाप करते हुए चाँदनी में भोजन करने बैठे थे। तुम्हारे हाथों बनाया गया सुस्वादु भोजन करने में आनन्द की अनुभूति होती थी। उस समय कभी-कभी श्री रामचन्द्र जी के वनवास की कथा, इटली देश के स्वतंत्र होने का इतिहास कोई कहने लगता वीरवर ताना जी के वीरगीत हम लोग गाने लगते। कभी-कभी चित्तौड़गढ़ और पुणे के शनिवार वाड़े की वार्तालाप होने लगती। ऐसे समय जब भारत माता का स्मरण आता तो शत्रुओं को छिन्न-भिन्न करने हेतु अत्यन्त द्रवित हृदय होकर मैं सपना संजोने लगता। प्यारी भावज! वह रमणीक अवसर, वह प्रियजनों का मधुर सहवास, वह चन्द्र प्रमाहा, वे नवकथाएं, वे स्मरणीय रातें, राष्ट्र को बन्धनमुक्त कराने का वह दिव्य लक्ष्य उनकी पूर्ति हेतु किये गये दृढ़ निश्चय आदि बातों का तुझे स्मरण है। तुझे स्मरण है देवी बहिनी! उस समय युवक संघ ने कहा था—"हम बाजी प्रभु बनेंगे और युवतियों ने गर्व के साथ कहा था—हम भी चित्तौड़गढ़ की वीरांगनाएं बनेंगी। बहिनी! हमने यह व्रत अन्धेपन में स्वीकार नहीं किया है। आज तक का इतिहास, जिसको प्रकट रूप से दिव्य दाहक कहता है, उसी सतीव्रत को प्यारी भावज हमने सोच समझकर ही धारण किया है।"

राष्ट्र भक्ति की ऐसी उदात्त भावनाएं हर राष्ट्रभक्त का ध्यान अनायास ही क्रान्ति वीर सावरकर की ओर खींच लेती हैं। यह भावनायें इस सनातन राष्ट्र की सनातन वीर परम्परा की ध्वजवाहिका हैं। जिन्होंने इस देश को कभी भी चेतन से अचेत नहीं होने दिया। यदि कभी नींद का झटका आया भी तो चेतना के इस स्तर से निकलने वाली गरम लूओं के थपेड़ों ने हमें पल भर में ही जगाने का कार्य किया।

**"पराभव के किसी कीचड़ को
हम सांझ कभी नहीं कह सकते,
वीर प्रस्विनी भारत माँ को
हम बांझ कभी नहीं कह सकते।"**

हमने पराभव के कीचड़ को अर्थात तथाकथित पराधीनता की काली रात को साफ करने का विश्व इतिहास में अद्वितीय और अनुपम कार्य किया है, और यह महान कार्य तभी सम्पन्न हो पाया है जब वीर प्रस्विनी भारत माँ के वीर पुत्रों ने अपनी ज्ञान ऊर्जा, कर्म ऊर्जा और उपासना ऊर्जा को राष्ट्रदेव की भक्ति के लिए ही पूर्णतः समर्पित करने का सराहनीय कार्य किया है।

इस पुस्तक में हम अपने इतिहास के एक ऐसे ही राष्ट्र नायक के जीवन का मन्थन करेंगे जिसके जीवन सागर को आज भी मथने से इस राष्ट्र के उद्धार हेतु 'अमृत' का मिलना सम्भव है। हमारा मानना है कि उन्हीं राष्ट्रनायकों का जीवन मन्थन के योग्य होता है जिनके जीवन कलश में अमृत भरा होता है और सावरकर जी हमारी इस अपेक्षा पर पूर्णतः खरे उतरते हैं।

आशा है आपको मेरा यह प्रयास अवश्य ही लाभान्वित करेगा।

भवदीय

–राकेश कुमार आर्य

दिनांक 01-04-2017

चलभाष : 0-9911169917

निवास : आम्रपाली ग्राण्ड, जीटा प्रथम,
टॉवर नं. 2, फ्लैट नं. 404, ग्रेटर नोएडा,
जनपद–गौतमबुद्ध नगर, उ.प्र.

अनुक्रम

अध्याय–1

बचपन और शिक्षा

भारत के तथाकथित पराधीनता के काल को इसका राजनीतिक पराभव का काल कहा जाना उचित होगा। 1857 की क्रान्ति के पश्चात अंग्रेजों का दमन चक्र और भी अधिक क्रूर हो चुका था। सर्वत्र भारतवासियों को अंग्रेज अपने क्रूरता पूर्ण अत्याचारों का 'शिकार' बना रहे थे। अंग्रेज भारत के परम्परागत शौर्य और साहस को मिटाकर उसे नपुंसक बना देना चाहते थे। जिससे कि वह भविष्य में उठने का नाम ही न ले सके और अंग्रेज भारत पर अनिश्चित काल तक शासन करते रहें।

जब परिस्थितियां अपने भयावहतम स्वरूप को दर्शाती हैं तब प्रकृति सक्रिय होती है। और वह 'कंस' के विनाश के लिए जेल की सलाखाओं के पीछे 'कृष्ण" को जन्म दे देती है। ऐसा हर युग में और हर देश में होता आया है।

"निर्दयता बढ़े 'कंस' की चीत्कार सुने संसार।
तभी जेल की कोठरी सुने 'कृष्ण' किलकार ॥"

जब-जब भारत में विदेशी सत्ताधीशों ने अपने दमन चक्र को क्रूरता से चलाने का प्रयास किया तब-तब ही भारत ने पिछली कई शताब्दियों से ऐसे क्रूर शासक के शासन को मिटाने के लिए अपना बल लगाया। हर दशक में कोई न कोई ऐसा देशभक्त वीर योद्धा उत्पन्न हुआ जिसने विदेशी शासक और शासन को अपने जीवन काल में सीधी चुनौती दी। 19वीं शताब्दी के अन्त में भारत में बड़ी तेजी से परिवर्तन हो रहे थे। 1857 की क्रान्ति को अंग्रेज असफल मान रहे थे। पर सच यह था कि यह क्रान्ति असफल न होकर भारत भूमि की उर्वरा शक्ति को और भी अधिक बढ़ाने में सहायक सिद्ध हुई। **'मेरे देश की धरती सोना उगले....उगले हीरे मोती'** वाले गाने की सार्थकता को यदि आप देखना चाहते हैं तो यह 1857 की क्रान्ति की कथित असफलता के

पश्चात के वर्षों में भारत में जन्म लेने वाले अनेकों क्रान्तिकारियों के जन्म लेने से स्पष्ट हो जायेगी। ये 'हीरे-मोती' भारत भूमि के वीर प्रस्विनी होने का प्रमाण दे रहे थे और बता रहे थे कि भारत भूमि बांझ नहीं है।

ऐसी परिस्थितियों में ही माँ भारती की गोद में वीर भूमि महाराष्ट्र के नासिक जिले में भगूर नामक गाँव में चितपावन वंशीय ब्राह्मण परिवार में 28 मई 1883 को एक बालक का जन्म हुआ। पिता दामोदर पंत सावरकर और माता राधाबाई ने अपने नवजात बालक का नाम विनायक रखा। यह विनायक वास्तव में विनायक अर्थात् विशेष नायक सिद्ध हुआ। आगे चलकर इसी बालक ने स्वातंत्र्य वीर सावरकर के रूप में इतिहास में अपना स्थान बनाया।

"धर्म जात बौने भये,
बौना भया आकाश।
मां भारती वन्दन करे
कटने लगे सब पाश॥"

बालक विनायक के माता-पिता दोनों ही हिन्दुत्व निष्ठ विचारों के थे। वैदिक संस्कारों के प्रति उनमें गहन निष्ठा थी। यही कारण था कि भारत के वेद, उपनिषद, पुराण, रामायण और महाभारत आदि के प्रति विनायक के माता-पिता के भीतर गहन निष्ठा थी। बालक विनायक के भीतर माता-पिता के हृदय में उठने वाले विचार और संस्कृति प्रेम की निर्मल धारा स्वयं ही प्रवाहित हो उठी। मानो माता-पिता गंगा यमुना थे तो विनायक का हृदय अदृश्य रूप में सरस्वती बन गया था। इस प्रकार बालक विनायक बचपन से ही अलौकिक राष्ट्रभक्ति का संगम बनकर लोगों को दिखने लगे थे। वह जब भारत के महापुरूषों और वीर नायकों के विषय में पिता से कुछ भी सुनते थे, तो उनका हृदय बड़ा प्रफुल्लित हो उठता था। वह सोचते थे कि वह भी बड़े होकर राष्ट्रभक्ति के ऐसे ही महान कार्य सम्पादित करेंगे और भारत में शासन कर रहे विदेशियों को यहां से भगा देंगे। कदाचित बालक विनायक का यह चिन्तन ही उसे स्वातंत्र्य वीर बनाने में सहायक हुआ। बालक विनायक प्रारम्भ से हिन्दू वीरों की वीरता से प्रभावित था, इसलिए हिन्दू राष्ट्र के निर्माण की योजना उसके बाल मस्तिष्क में बचपन से ही अपनी चित्रकारी करने लगी थी।

विनायक के तीन भाई बहन और थे। जिनमें से बड़े भ्राता गणेश, छोटे भाई नारायण और तीसरे स्थान पर बहन मैना थी। इस प्रकार विनायक अपने

माता-पिता की कुल 4 सन्तानों में दूसरे स्थान पर थे। जब विनायक दस वर्ष के थे, तभी उनकी माता राधाबाई का देहावसान हो गया था। परिवार पर यह एक प्रकार की आपदा ही थी, जो कि असमय आ गयी थी। पर यह भी तो सत्य है कि प्रत्येक महापुरूष का निर्माण विपत्तियों के मध्य ही हुआ करता है। जो विपत्तियों से भयभीत हो जाता है, वह अपनी महानता की दावेदारी अपने आप ही छोड़ देता है।

विपदाओं को देखकर
जो होवे ना भयभीत।
सफलता पग चूमती
मिले जीत ही जीत॥

जीवन के इसी सत्य को शिरोधार्य कर सावरकर परिवार ने श्रीमती राधाबाई की विदाई के पश्चात अपनी जीवन चर्या को ढाल लिया। पिता ने रसोई का कार्य संभाला तो परिवार के अन्य सदस्यों ने भी सहर्ष दूसरे सभी कार्य संभाल लिये, जिन्हें राधा बाई जीवित रहते करती रही थीं।

विनायक अपनी कुल देवी सिंहवासिनी दुर्गा की सेवा बड़ी तन्मयता से करते थे। उसकी आराधना में बालक विनायक ने मराठी में पद रचना करना आरम्भ कर दिया। वह अपनी कुल देवी से विदेशी शासन सत्ता के समूल नाश की ही प्रार्थना करता और 'स्वतंत्र हिन्दूराष्ट्र' स्थापित करने का वर माँगता था। बालक विनायक ने अपनी कुलदेवी को ही माता मान लिया था और उसकी साधना को ही जीवन का शृंगार जान लिया था। अपने जीवनोद्‌देश्य अर्थात हिन्दू राष्ट्र की स्थापना के लक्ष्य को सामने रखकर बालक विनायक ने अपने विद्यालय में भी अपने सहपाठियों का एक समूह बना लिया था। उनका यह समूह मानो विदेशियों से लड़नेवाली एक सेना ही थी। इस समूह में रहकर और इसका नेतृत्व करते हुए बालक विनायक ने धनुष बाण चलाने और तलवार चलाने का अच्छा प्रशिक्षण प्राप्त कर लिया था। इसमें वह नकली लड़ाई लड़ते थे, और शत्रु सेना का विनाश करके ही उन्हें सुख मिलता था।

"देशभक्त साहस धरे
धारे व्रत कठोर।
यश पताका फहरती
विश्व में चारों ओर।"

देशभक्तों की पहचान यही होती है। अपनी इसी पहचान से वह विश्व में पूजनीय होते हैं। पांचवीं कक्षा तक अपनी पढ़ाई विनायक ने अपने गांव की पाठशाला में ही पूर्ण की थी।

इसके पश्चात उन्हें अगली शिक्षा की प्राप्ति के लिए नासिक भेज दिया गया। यहाँ उन्हें अंग्रेजी का भी पठन पाठन करना था। नासिक में भी उन्होंने अपने सहपाठियों की एक देशभक्त मण्डली का निर्माण किया। अब उनकी देशभक्ति पूर्ण कविताएं 'मराठी' समाचार पत्रों में भी प्रकाशित होने लगी थीं। 'केसरी' उन दिनों राष्ट्रभक्ति पर अच्छे लेख प्रकाशित कर रहा था। इसलिए विनायक ने उसे मंगाकर पढ़ना आरम्भ कर दिया था। इस समाचार पत्र के ओजस्वी सम्पादकियों के और लेखों के पढ़ने से बालक विनायक को बड़ी सन्तुष्टि मिलती थी।

इन लेखों को पढ़ने से उन्हें देश भक्ति की कविताएं लिखने को भी अच्छी सामग्री उपलब्ध हो जाती थी। जिसे वह अपने सहपाठियों को सुनाते थे और उनके भीतर देशभक्ति की भावना का संचार करते थे।

उनकी कविताओं को सुनकर उनके साथियों के भीतर आग लग जाती थी और वे सभी अपनी मातृभूमि को विदेशी सत्ता से मुक्त करने के लिए तड़प उठते थे।

एक कविता में वह कहते हैं–

"शिवदूत ते धवां जाति
बाजिला वदति सोडरे कुमति।
का म्लेच्छ कसाई भजसि
का दस्यन रकि तूँ पिचशी॥
स्वराज्य नाहीं, स्वदेश नाहीं
धिक या देहाला।
चला धालु स्वातंत्र्य
सगरी रिपूवरी धाला॥"

अर्थात् **"हे बाजी प्रभु! विदेशी यवन कसाई सत्ताधीशों की सेवा क्यों करते हो? मातृभूमि की दासता में उस विधर्मी को सहयोग क्यों करते हो–जिसको अपने देश, अपने स्वराज्य से प्रेम नहीं, उस व्यक्ति को धिक्कार है। म्लेच्छ की शक्ति प्रबल है। यह धर्म का दोष नहीं। आज तो देश द्रोह करने वाले चाण्डालों**

का बाजार लगा है।

"बाजी वीर श्रेष्ठ! इस दासता में अपनी आयु क्यों व्यर्थ नष्ट करते हो? गौ ब्राह्मण प्रतिपालक, स्वातंत्र्य संस्थापक, भगवान शंकर के अवतार शिवप्रभु तुम्हें बुला रहे हैं? स्वाधीनता संग्राम जो छिड़ा है, उसके लिए तुम्हें बुला रहे हैं। वहां चलो, देशभक्ति का अमृत पान करके प्रायश्चित करो और स्वातंत्र्य सेना का नेतृत्व करो।"

सावरकर जी की कविता के इन शब्दों को सुनकर बाजी प्रभु उन्हें उत्तर दे रहे हैं–

"भीषण सर्प को मैंने मित्र जानकर अपने घर में (देश में) घुसा लिया। घर में घुसे इस विदेशी, विधर्मी चोर को मैंने राजा मान लिया और शिवाजी जैसे महान पराक्रमी वीर का विरोध किया। मेरी पावन मातृभूमि जिसने भ्रष्ट की, मैं उसका सेवक बना। शिवदूतों! महाराजा शिवाजी से कहना कि मेरे जैसे अधम, राष्ट्रद्रोही को काट डालें। आकर मेरे शरीर के टुकड़े-टुकड़े कर दें। इस प्रकार मैं उस महान हिन्दू स्वातंत्र्य वीर के पवित्र हाथों से मुक्ति का अधिकारी बनकर पुनः इस पावन भूमि में जन्म लेने की आकांक्षा रखता हूँ।"

इस बार का बाजी प्रभु दुष्टों के संहार के लिए अर्थात विदेशी क्रूर सत्ता के शिकंजे से भारत भूमि को स्वतंत्र कराने के लिए पुनः जन्म लेना चाहता है। अब वह समझ गया है कि देशभक्ति को विदेशी सत्ता की सेवा के श्राप से भी मुक्त करना है और विदेशी सत्ता को यहाँ से उखाड़ फेंकना जीवन व्रत बना लेना है। ऐसी उत्कृष्ट भावना उत्पन्न करना सावरकर की कविताओं का उद्‌देश्य था।

"दुष्ट दलन जीवन व्रत
होवे मित्रों आज।
मुक्त होवे मां भारती
पूरण कर लो काज।"

जब विनायक जैसे देशभक्त की ऐसी देश भक्तिपूर्ण कविताएं (पोवाड़े) अंग्रेजों की जानकारी में आयीं तो उन्होंने इन्हें जब्त कर लिया था। अंग्रेजों के इस कृत्य से पता चलता है कि वे क्रान्तिवीर सावरकर की किशोरावस्था से ही उनसे भय मानने लगे थे। सावरकर जी की ये कविताएं उनके भविष्य का सन्देश दे रही थीं।

1857 की क्रान्ति को अंग्रेजों ने जितनी क्रूरता से कुचला था उतनी ही अधिक उसकी प्रतिक्रिया हमारे नवयुवकों में हो रही थी। यद्यपि वह क्रान्ति अंग्रेजों की ओर से कुचल दी गयी थी–परन्तु वह भारत के यौवन के हृदय में और भी अधिक प्रचण्डता के साथ मचल रही थी। क्रान्ति को कुचलना जैसा शब्द अंग्रेजों के लिए शान्ति प्रदायक हो सकता था परन्तु भारत के युवाओं के लिए यह कुचलना शब्द मचलना में परिवर्तित हो गया था। विनायक इस मचलन को अपनी ओजस्वी कविताओं के माध्यम से और भी अधिक प्रचण्ड करने का कार्य कर रहे थे। जिससे अंग्रेजों को भविष्य का संकेत मिल रहा था और वह 1857 की पुनरावृत्ति से बचने के लिए हमारे क्रान्तिकारी युवाओं पर अपनी गिद्ध दृष्टि लगाये बैठे रहते थे। कुछ-कुछ ऐसी स्थिति उस समय बन गयी थी–

"पथ सजने लगे पग आगे बढ़ने लगे।
क्रान्तिरथ सजने लगे, बिगुल घोष बजने लगे।
आखेटक होकर सावधान शिकार की प्रतीक्षा में,
अस्त्र अपने भांजने लगे और चक्रव्यूह रचने लगे॥"

यौवन की दहलीज पर पग रखते हुए किसी किशोर की यदि विदेशी सत्ता कविता को जब्त करे तो पता चलता है कि वह युवक कोई साधारण युवक नहीं था। वह युवक अपने साथियों से कहा करता था–**"मित्रों! हम अपना यह दृढ़ संकल्प व्यक्त करते हैं कि राष्ट्रीय रणांगण में हम अपने जीवन बलिदान कर देंगे और जो लोग हमारे धर्म व मातृभूमि को नष्ट करने में लगे हैं, तथा उस पर आघात कर रहे हैं, उनके रक्त से धरती को रंग देंगे। हम सब शत्रुओं को यमलोक पहुँचाकर ही मरेंगे।"**

इस संकल्प में राष्ट्रीय एकता और अखण्डता को सुनिश्चित करने की संकल्प शक्ति और देश की स्वतंत्रता के लिए बड़े से बड़ा बलिदान भी हँसकर देने की उत्कृष्ट भावना समाविष्ट है। जो लोग अर्थात् विदेशी सत्ताधीश अंग्रेज हमारी मातृभूमि को बलात् कब्जाये बैठे थे उनके लिए इस संकल्प में एक बड़ी स्पष्ट चुनौती छिपी है कि **'उनके रक्त से धरती को रंग देंगे।'** विनायक और उनके युवा साथियों की ऐसी चेतावनियों से अंग्रेज समझ गये थे कि भारत की मिट्टी को कभी भी क्रान्ति बीज से हीन मानना मूर्खता होगी। जहाँ का यौवन

अपनी मातृभूमि की रक्षार्थ आज भी शिवाजी बनकर विदेशी सत्ताधीशों के लिये कह रहा हो कि–**"केवल शिवाजी की गाथा दोहराने से स्वतंत्रता मिलना सम्भव नहीं, अपितु हम लोगों को शिवाजी और बाजीराव की भाँति कमर कसकर, संहार कार्यों में लग जाना होगा। मित्रों! अब आपको स्वतंत्रता के लिए शस्त्र उठाने होंगे और अंग्रेज शत्रुओं के सिर काटकर स्वातन्त्र्य लक्ष्मी का अभिषेक करना होगा।"**

इस शिवाजी श्लोक को हमारे क्रान्तिकारी चाप्पेकर बन्धुओं द्वारा स्थापित हिन्दू धर्म संरक्षिणी सभा के कार्यक्रमों में बोला करते थे। इसके साथ-साथ गणपति श्लोक भी था। ये दोनों श्लोक सावरकर जी को अत्यन्त प्रिय थे। गणपति श्लोक का भावार्थ था–**"हाय! पराधीनता में रहकर भी तुमको शर्म नहीं आती ? इससे तो अच्छा है कि आत्महत्या करके मर जाओ! उफ! दुष्ट हत्यारे अंग्रेज गोमाता की हत्या करते हैं, गो माता को इन दुष्ट हत्यारों से छुटकारा दिलाओ। मर भले जाओ, लेकिन अंग्रेजों को मारने के पश्चात मरो। मौन रहकर निष्क्रिय कदापि मत बैठो। धरती का बोझ मत बढ़ाओ।**

हमारे देश का नाम हिन्दुस्तान है, फिर यहां अंग्रेज राज्य क्यों कर रहे हैं?"

ऐसी कविताएं **'नासिक वैभव'** में छपकर हमारे क्रान्तिकारियों के हृदय भूमि को अपनी पैनी फाली से जोतकर उसमें बड़ी सुघड़ता से क्रान्तिकारियों का रोपण कर रही थी। तैयारी बड़ी सुनियोजित थी, और धीरे-धीरे सामान भी सारा तैयार होता जा रहा था। शत्रु के सामने गिड़गिड़ाने या उससे क्षमायाचना का कोई राग नहीं था–सबका एक ही लक्ष्य था कि रण होगा, और रण पर ही आचरण होगा।

1857 की क्रान्ति को उन्होंने भारत का प्रथम स्वातंत्र्य समर सिद्ध करते हुए लिखा–**"अन्याय का समूल उन्मूलन कर सत्य धर्म की स्थापनार्थ, क्रान्ति, रक्तपात और प्रतिशोध प्रकृति प्रदत्त साधन ही हैं। अन्याय के फलस्वरूप होने वाला उत्पीड़न और उद्दण्डता ही तो इन साधनों के उपयोग के लिए निमंत्रण देती है। न्याय के सिंहासन द्वारा अपराधी को मृत्युदण्ड दिया जाता है, उसे कोई दोषी नहीं ठहराता। इसके विपरीत जिस अन्यायी के कर्ता के रूप में किसी को प्राणदण्ड दिया जाता है वह अन्यायी ही उस पाप का दोषी**

समझा जाता है। इसलिए ब्रूटस की तलवार पावन है तो, शिवाजी का व्याघ्रनख परम वन्दनीय।"

सावरकर की दृढ़ मान्यता थी कि–

देश धर्म के कारने पायौ यह शरीर।
मातृभूमि को सौंपते धीर वीर गम्भीर ॥

चाफेकर बन्धु और बाल विनायक

जब एक विद्यार्थी के रूप में विनायक दामोदर सावरकर क्रान्ति के पुजारी बन देशभक्ति की अलख जगा रहे थे तभी 1897 में पूना में भयंकर प्लेग की बीमारी फैल गयी। अंग्रेज सरकार ने सदा की भांति इस बार भी घोर असावधानी और प्रमाद का प्रदर्शन करते हुए प्लेग पीड़ित भारतीयों को मरने दिया। सरकार की भारतीयों के प्रति ऐसी असंवेदनशीलता को देखकर चाफेकर बन्धुओं को बहुत बुरा लगा। उन्होंने इस अमानवीय व्यवहार के लिए प्लेग कमिश्नर को दोषी माना और एक दिन उचित अवसर पाकर उस कमिश्नर का जीवनान्त कर दिया। उसे बता दिया कि सरकारी असंवेदनशीलता को भारत के युवा किस प्रकार गोली की भाषा से शान्त करना जानते हैं? इस समाचार ने किशोर विनायक को बड़ा प्रभावित किया, उनकी प्रसन्नता का कोई ठिकाना नहीं था। अंग्रेज सरकार ने चाफेकर बन्धुओं को गिरफ्तार कर लिया और उन्हें बहुत शीघ्र ही फांसी के फन्दे पर लटका दिया। चाफेकर बन्धुओं को फांसी के समाचार ने सावरकर को अन्दर तक झकझोर कर रख दिया। सारा देश अपने वीरों को श्रद्धांजलि दे रहा था और दुःख के सागर में डूबा हुआ था। तब विनायक सावरकर ने प्रतिज्ञा की कि–

"अंग्रेज के विरोध में करूँ सदा संघर्ष।
मातृभूमि पर वार दूं यौवन का उत्कर्ष ॥"

उन्होंने कहा–**"देश की स्वाधीनता के लिए जीवन के अन्तिम क्षणों तक सशस्त्र क्रान्ति का झण्डा लेकर जूझता रहूँगा।"**

अपनी प्रतिज्ञा को सिरे चढ़ाने के लिए अब विनायक ने अपनी कार्य योजना की रूपरेखा तैयार कर ली। उन्होंने **'मित्र मेला संस्था'** का गठन किया और **'गणेशोत्सव'** एवं **'शिवाजी महोत्सव'** जैसे कार्यक्रमों का आयोजन करना आरम्भ किया। जिनके माध्यम से वह क्रान्तिकारी युवाओं को देशभक्ति का

पाठ पढ़ाने लगे। इन कार्यक्रमों से भारत के युवावर्ग को उन दिनों बड़ी प्रेरणा मिली।

1901 की 22 जनवरी को ब्रिटेन की महारानी विक्टोरिया का देहान्त हो गया। जिससे ब्रिटिश सत्ताधीशों के चाटुकार संगठनों ने देशभर में शोकसभाओं का आयोजन करना आरम्भ कर दिया। जब सावरकर जी को इस समाचार का ज्ञान हुआ कि कुछ संगठन रानी की मृत्यु पर शोकसभाएं कर रहे हैं तो उन्होंने ऐसे संगठनों को लताड़ते हुए कहा—**"इंग्लैण्ड की रानी, हमारे शत्रु देश की रानी है, अतः हम शोक क्यों मनाऐं? यदि अपने को गुलामी की बेड़ियों में जकड़ने वाली रानी की मृत्यु पर हम शोक मनाते हैं, तो यह हमारी गुलाम प्रवृत्ति का ही परिचायक होगा।"**

इतने स्पष्ट शब्दों में महारानी विक्टोरिया को श्रद्धांजलि देने से मना करना। उस समय की परिस्थितियों में अपने प्राणों को संकट में डालने जैसा था। पर सावरकर ने तो बालकपन से ही चुनौतियों से खेलने का मन बना लिया था। इसलिए चुनौती को चुनौती देना उनका स्वभाव बन गया था।

चुनौतियों से जूझना
जीवन का है मूल।
जो इनसे बचकर चले
करते भारी भूल।

विदेशी वस्त्रों की जलायी होली

1901 में सावरकर जी ने मैट्रिक की परीक्षा उत्तीर्ण कर पूना के फर्ग्यूसन कॉलेज में प्रवेश लिया। यहाँ जाने पर भी उनका अपना **'देशभक्ति अभियान'** निरन्तर जारी रहा। शीघ्र ही उन्होंने अपने कई सहपाठी साथियों के साथ मिलकर एक दल बना लिया, और राष्ट्रभक्ति की अलख जगाने के अपने कार्य में लग गये। सावरकर जी की रचनाओं ने 'काल' के सम्पादक श्री परांजपे को विशेष रूप से प्रभावित किया और वे उनका प्रकाशन करने लगे। उन कविताओं को लोकमान्य तिलक ने पढ़ा तो वह भी उनसे प्रभावित हुए बिना नहीं रह सके। इसका परिणाम यह हुआ कि सावरकर को एक महान क्रान्तिकारी और तपे तपाये नेता का सान्निध्य व संरक्षण प्राप्त हो गया। लोकमान्य तिलक के मार्गदर्शन ने सावरकर को हृदय से प्रभावित किया और

उन्हें जीवन भर के लिए यह स्पष्ट कर दिया कि उन्हें अपने जीवन में तिलक वादी ही बनना है। आगे चलकर गांधी जी से कई मुद्दों पर सावरकर की असहमति का कारण यह भी रहा कि तिलक और गांधी की नीतियों में 36 का आंकड़ा था, सावरकर हर स्थिति में तिलक को ही उचित और स्वीकार्य मानते थे।

1905 में सावरकर जब बी. ए. की तैयारी कर रहे थे, तभी उन्होंने विदेशी वस्त्रों की होली जलाने का आन्दोलन चला दिया। 22 अगस्त 1906 को उन्होंने पूना के बीच बाजार में विदेशी वस्त्रों की होली जलाई। इस कार्यक्रम की अध्यक्षता स्वयं लोकमान्य तिलक ने की थी। इस अवसर पर सावरकर ने बड़ा ओजस्वी भाषण दिया था, जिसने तिलक को हृदय से प्रभावित किया और उन्हें यह आभास करा दिया कि उनका कोई उत्तराधिकारी उन्हें मिल गया है। उस समय के कई समाचार पत्रों ने इस घटना की तीव्र आलोचना की। जिससे भयभीत होकर फर्ग्यूसन कॉलेज से सावरकर को निकाल दिया गया। पर उन्हें बम्बई विश्वविद्यालय से बी. ए. की परीक्षा देने की अनुमति मिल गयी और उन्होंने बी. ए. की परीक्षा उत्तीर्ण कर ली। इसके पश्चात उन्होंने **'अभिनव भारत'** नामक प्रसिद्ध संस्था की स्थापना की। इस संस्था की प्रतिज्ञा होती थी–

"छत्रपति शिवाजी के नाम पर, अपने पवित्र धर्म के नाम पर और अपने प्यारे देश के लिए पूर्व पुरूषों की कसम खाते हुए मैं यह प्रतिज्ञा करता हूं कि अपने राष्ट्र की पूर्ण स्वतंत्रता के लिए अन्तिम सांस तक संघर्ष करता रहूंगा। मैं न तो आलस्य करूंगा और न अपने उद्देश्य से हटूंगा। मैं अभिनव भारत के नियमों का पूर्ण (मनोयोग से) पालन करूंगा, और संस्था के कार्यक्रम सर्वथा गुप्त रखूंगा।"

पूना की एक सभा में सावरकर ने अपने क्रान्तिकारी साथियों को सम्बोधित करते हुए कहा था–**"छत्रपति शिवाजी की सन्तानों! जिस प्रकार शिवाजी ने मुगल साम्राज्य को विध्वंस करने के लिए कार्य किया, सदाशिव राव भाऊ ने मुगल साम्राज्य को चकनाचूर किया, उसी प्रकार तुम्हें अब भारत मां दासता की बेड़ियों में जकड़ने वाले अंग्रेजों के अत्याचारी साम्राज्य को चकनाचूर करके अपने राष्ट्र को स्वाधीन कराना है। सशस्त्र क्रान्ति के बल पर इस विदेशी साम्राज्य का तख्ता पलट करना है।"**

उनका आशय स्पष्ट था–

"रीत शिवाजी की बढ़े
बढ़े हमारा देश।
आजादी लेकर रहें
यही एक उद्देश्य ॥"

लन्दन को प्रस्थान

युवा सावरकर के ओजस्वी भाषणों ने अब अपना प्रभाव जनसामान्य पर भी डालना आरम्भ कर दिया था। उनकी सहज और स्पष्ट भाषा का लोगों पर सीधा प्रभाव होता था। सावरकर एक ऐसे वक्ता थे जो लोगों को आन्दोलित करने की कला को भली प्रकार जानते थे। वह जनता के सुप्त मनोभावों को जगाने और जागृत मनोभावों को क्रान्ति की ज्वालाओं में परिवर्तित करने की क्षमता रखते थे। यही कारण था कि युवा सावरकर जब कुछ बोलते थे तो जन सामान्य उससे प्रभावित होता था। एडवर्ड सप्तम के राज्याभिषेक के समय कुछ लोगों ने उत्सव मनाने की तैयारी की तो सावरकर ने उन्हें समझाया कि–**'तुम लोग एक ऐसे राजा का अभिषेकोत्सव मना रहे हो जिसने तुम्हारी मातृभूमि को गुलाम बना रखा है। यह गुलामी का उत्सव होगा।"** उनकी भाषण शैली की ऐसी स्पष्टता से लोगों में बड़ा सकारात्मक सन्देश जाता था।

उन दिनों विदेशों में पं. श्यामजी कृष्ण वर्मा जैसे भारतीय क्रान्तिकारी युवा का बड़ा नाम था। वह लन्दन से **'इण्डियन सोशियलॉजिस्ट'** नामक पत्र निकालते थे। वह विदेशों से ही अपने प्रतिभावान देशी छात्रों को इंग्लैण्ड की पढ़ाई के लिए छात्रवृत्तियां दिया करते थे। लोकमान्य तिलक ने श्यामजी कृष्ण वर्मा से सावरकर को **'शिवाजी छात्रवृत्ति'** देने को कहा। सावरकर को यह छात्रवृत्ति प्राप्त हो गयी तो वे 9 जून 1906 को लन्दन के लिए बन्दरगाह से चल दिये। उन्हें विदाई देने के लिए स्वयं तिलक बन्दरगाह पर उपस्थित थे। पं. श्यामजी कृष्ण वर्मा आर्य समाज की विचारधारा से बड़े प्रभावित थे और उन्होंने महर्षि दयानन्द जी महाराज के **'सत्यार्थ प्रकाश'** से स्वराज्य की शिक्षा लेकर उसी पर कार्य करने के लिए विदेशों में अपनी गतिविधियां बढ़ा रखी थीं। वह लन्दन में **'इण्डिया हाउस'** का संचालन करते थे। वहां रहकर उन्होंने

'होमरूल' का आन्दोलन भी चलाया था। इसी **'इण्डिया हाउस'** में ही सावरकर आकर रहने लगे। 1906 में सावरकर ने **'फ्री इण्डिया सोसायटी'** की स्थापना की। इस सोसायटी में भाई परमानन्द, मदन लाल ढींगरा, लाला हरदयाल, महेशचरण सिन्हा, आदि जैसे क्रान्तिकारी युवा सम्मिलित हो गये। जिससे इस सोसायटी ने शीघ्र ही गति पकड़ ली। सावरकर ने इस सोसायटी के पहले भाषण में ही कहा था–**"अंग्रेजी साम्राज्य को भारत से तभी समाप्त किया जा सकता है जब कि भारतीय युवक हाथों में शस्त्र लेकर मरने मारने को कटिबद्ध हो जायें। सशस्त्र क्रान्ति के द्वारा ही भारत की स्वाधीनता सम्भव है। अतः हमें भारतीय युवकों को इसके लिए तैयार करना है, उनकी शस्त्रास्त्रों से सहायता करनी है।"**

**"युवा भारत के लिए
करना है संघर्ष
रग-रग में भरना हमें
साहस और उत्कर्ष।"**

1857 की क्रान्ति की अर्द्ध शताब्दी पर ग्रन्थ की रचना

1857 की क्रान्ति की स्मृतियों से ब्रिटिश सत्ताधीश अभी तक भी उभर नहीं पाये थे। भारतवासियों की उस समय दिखायी गयी वीरता और साहस की रोमांचकारी घटनाओं को स्मरण करते ही अंग्रेजों को भय लगने लगता था। यही कारण था कि वे 1857 की घटना की पुनरावृत्ति से बचने का हर सम्भव प्रयास कर रहे थे। यह अलग बात है कि उनके प्रयासों में क्रूरता एवम् दमन अधिक था।

1906 में **'फ्री इण्डिया सोसायटी'** की स्थापना करने के पश्चात् सावरकर का ध्यान 1857 की क्रान्ति की ओर गया, जिसको हुए अब 50 वर्ष होने वाले थे। तब उन्होंने अकाट्य तथ्य और तर्क जुटाकर ब्रिटिश सत्ताधीशों की भूमि पर रहते हुए ही **'1857 का प्रथम स्वातंत्र्य समर'** नामक ग्रन्थ की रचना की। इंग्लैण्ड की लायब्रेरी से ही जुटाये गये तथ्यों के आधार पर लिखे गये इस ग्रन्थ ने हमारे क्रान्तिकारी युवाओं का मनोबल बढ़ाने में आशातीत सफलता प्राप्त की। उन्हें पता चला कि अंग्रेजों ने हमारे उस स्वतंत्रता संग्राम को नाहक ही **'गदर' 'लूट', 'विद्रोह' या 'बगावत'** कहकर अपयश का भागी बनाया है।

सावरकर के इस भागीरथ प्रयास ने देशोपकारी युवाओं के लिए 'गीता' का कार्य किया। इस पुस्तक को मूल रूप में मराठी में लिखा गया था। अंग्रेजों द्वारा जब इसे जब्त करने का प्रयास किया गया तो बड़ी सावधानी से इसकी पाण्डुलिपि को भारत भेज दिया गया। परन्तु ब्रिटिश शासकों के गुप्तचरों की सक्रियता के कारण इसे यहां भी प्रकाशित न किया जा सका। तब इसकी पाण्डुलिपि पुनः सावरकर के पास भेज दी गयी। जिन्होंने इसे मराठी से अंग्रेजी में अनुवाद करके हालैण्ड से प्रकाशित कराया। इसकी हजारों प्रतियां फ्रांस भेज दी गयीं। ब्रिटिश सरकार ने इसे प्रकाशन से पूर्व ही जब्त करने के आदेश दे दिये थे। परन्तु फिर भी पुस्तक की प्रतियां कई देशों में भेजने में सावरकर को सफलता मिल गयी थी। इस ग्रन्थ ने पर्याप्त सफलता एवम प्रसिद्धि प्राप्त कर ली थी। इसी ग्रन्थ से प्रभावित होकर नेताजी सुभाषचन्द्र बोस ने सावरकर जी से भेंट की थी, और उसी भेंट में उन्हें सावरकर जी ने विदेशों में जाकर क्रान्तिकारी आन्दोलन करने की शिक्षा दी थी। नेताजी सुभाषचन्द्र बोस की श्रद्धा इस ग्रन्थ के प्रति कितनी थी?–इस बात का पता इसी से चल जाता है कि आजाद हिन्द फौज की छावनियों में इस ग्रन्थ की प्रतियां वितरित की जाती थीं।

ऐसी परिस्थितियों में अंग्रेजों के लिए सावरकर परम शत्रु बन चुके थे। उनका वश चलता तो वे सावरकर जी को एक मिनट के लिए भी जीवित न छोड़ते। यह कम बात नहीं थी कि जब अंग्रेजों के सामने मुंह खोलना तक 'अपराध' माना जाता था–तब सावरकर उनकी अमानवीय और क्रूर नीतियों का विरोध अपने भाषणों के माध्यम से उन्हीं की भूमि से कर रहे थे। कहने का अभिप्राय है कि **प्राण जायें तो भले ही चले जायें–उन्हें इसकी चिन्ता नहीं थी। उन्हें तो अपनी मातृभूमि की स्वाधीनता की चिन्ता थी, और इसके लिए यदि, अंग्रेजों की मातृभमि का भी प्रयोग कर लिया जाये तो इससे भी उन्हें कोई परहेज नहीं था। सावरकर की योग्यता को देखकर श्यामजी कृष्ण वर्मा ने 'इण्डिया हाउस'** का सारा दायित्व अब उन्हीं को सौंप दिया था और वे स्वयं फ्रांस चले गये थे। **'इण्डिया हाउस'** का पूर्ण नेतृत्व संभालते ही सावरकर ने अमेरिका और आयर लैण्ड जैसे कई देशों के क्रान्तिकारियों से सम्बन्ध साधने आरम्भ किये।

उन्हीं दिनों जर्मनी में **'अन्तर्राष्ट्रीय सोशलिस्ट कांग्रेस'** का आयोजन

किया गया। जिसमें सावरकर ने सरदारसिंह राणा व श्रीमती भीकाजी रूस्तम कामा को भारत का प्रतिनिधि बनाकर भेजा। जर्मनी कांग्रेस में मैडम कामा ने सावरकर द्वारा निर्मित **'आठ कमलों और वन्देमातरम्'** मंत्र लिखे ध्वज को फहराया था। इस प्रकार जर्मनी की इस कांग्रेस में मैडम कामा ने एक प्रकार से भारत का स्वतंत्र झण्डा फहरा दिया था। यद्यपि यह कार्य अंग्रेजों को एक चुनौती देने के समान था। पर फिर भी किया गया। क्योंकि–

→ **"जो चुनौतियों को वरदान माने**

→ **जो धर्म को बलिदान माने**

→ **जो देश को पहचान माने**

→ **उसके सामने कोई रुकता नहीं**

→ **वह किसी के समक्ष झुकता नहीं**

→ **जो 'वन्देमातरम्' को अपना प्राण माने।"**

सशस्त्र क्रान्ति की योजना

सावरकर अब एक ही चिन्ता में डूबे रहते थे कि भारत में सशस्त्र क्रान्ति कैसे हो? इसका कारण यह था कि वे विदेशी सत्ताधीशों को भारत से बाहर भगाने के लिए सशस्त्र क्रान्ति को ही एकमात्र सर्वोत्तम उपाय मानते थे। वह **'षठे षाठ्यम समाचरेत्'** की नीति में विश्वास करते थे और उनका यह दृढ़ विश्वास था कि दुष्ट को दुष्टता की ही भाषा समझ में आती है। अतः उसके सामने किसी भी स्थिति में गिड़गिड़ाना या फिर याची की भाषा में याचना करना उचित नहीं होता।

अपने सशस्त्र क्रान्ति के मनोरथ को पूर्ण करने के उद्देश्य से सावरकर ने अपने दो साथियों को रूस भेजकर बम बनाने का प्रशिक्षण दिलाया तथा बम बनाने में प्रशिक्षित हुए अपने उन साथियों को भारत भेज दिया जिससे कि वे उनकी योजना को वहाँ मूर्त्तरूप दे सकें। बड़े गोपनीय ढंग से और पूर्ण सावधानी बरतते हुए सावरकर विदेशों से भारत के लिए पिस्तौल व रिवाल्वर भी भेजते रहे। यद्यपि उनकी कार्य योजना पर ब्रिटिश गुप्तचरों को सन्देह भी हुआ और उनके द्वारा भेजे जा रहे हथियारों के पार्सल उन गुप्तचरों ने एक दो बार पकड़ भी लिए, परन्तु उनका कार्य थोड़े बहुत अपेक्षित परिवर्तनों के साथ पूर्ववत निरन्तर जारी रहा।

'1857 का भारतीय स्वातंत्र्य समर' के पृष्ठ 8 पर सावरकर जी ने लिखा—**"विदेशी और पक्षपात के चश्मे को अपने नेत्रों पर चढ़ाकर लिखने वालों ने हमारी हिन्दू भूमि के उज्ज्वल चित्र को कितने ही घिनौने रंगों में रंगने का प्रयास क्यों न किया हो, किन्तु जब तक हमारे देश के इतिहास के पृष्ठों में चित्तौड़ का पावन नाम विद्यमान है, सिंहगढ़ का नाम है, प्रतापादित्य का नाम अंकित है, गुरू गोविन्द सिंह का नाम विद्यमान है, तब तक स्वधर्म और स्वराज्य के मूल सिद्धान्त हिन्दू स्थान की सन्तानों की अस्थियों और मज्जा में समाए ही रहेंगे। दासता के आवरण में उन्हें क्षणभर के लिए ढंका तो जा सकता है। आखिर सूर्य को भी बादल कुछ समय के लिए ढंक लेते हैं। किन्तु ज्यों ही इन तत्वों रूपी सूर्य की किरणें उद्‌दीप्त होती हैं—दासता का यह अन्धकार मिट जाता है और ये तत्व सूर्य के प्रचण्ड प्रकाश के तुल्य ही पुनः उद्‌दीप्त हो उठते हैं।"**

इस प्रकार की भाषा बताती है कि सावरकर ने यह ग्रन्थ बड़ी ही ओजस्वी शैली में लिखा था। जिसे पढ़कर लोगों के मन मस्तिष्क की नसें खुलती चली जाती थीं।

1907 में 1857 की क्रान्ति की अर्द्धशताब्दी सावरकर जी ने ब्रिटेन में इंग्लैण्ड के बाजारों और विश्वविद्यालयों में मनवाया। एक विश्वविद्यालय के एक प्रोफेसर ने हमारे क्रान्तिकारियों को अपशब्द बोल दिये तो सावरकर और उनके साथी उस पर पिल पड़े। इस घटना से इस समारोह को विश्व के समाचार पत्रों और सम्पादकियों तक में स्थान मिल गया।

सावरकर ने अपने ओजस्वी भाषण में कहा था—**"आज 1857 के महान स्वातंत्र्य समर की अर्धशताब्दी के ऐतिहासिक दिन हमें छत्रपति शिवाजी महाराज की प्रतिमा के सम्मुख, क्रान्तिवीर तात्या टोपे, महारानी लक्ष्मीबाई, वीर कुंवर सिंह, मंगल पाण्डे आदि हुतात्माओं के मार्ग का अनुसरण करके अंग्रेजी साम्राज्य को ध्वस्त करने की प्रतिज्ञा लेनी है। अंग्रेजी साम्राज्य को भारत से ध्वस्त किये बिना हम चैन से न बैठेंगे।"**

उन्होंने स्पष्ट कर दिया—

"ऐ देश धर्म के दीवानों! तुम
जाग उठो सीना तानो।
क्या कहती है भारत माता

भेद मर्म के सारे जानो?
जो मां को संकट में पड़ा छोड़
भाग जाये मैदानों से,
नहीं सार्थक जीवन उसका
क्या समझेगा व्याख्यानों से।"

सावरकर के ओजस्वी भाषण का प्रभाव इतना अधिक था कि कई ब्रिटिश समाचार पत्रों ने भी भारत की स्वाधीनता की उनकी मांग का समर्थन तक कर डाला था। सावरकर ने अपनी योजना को विस्तार देने के लिए अपने पत्रकों के रूप में अपने सन्देश को भारत के क्रान्तिकारी लोगों तक पहुंचाने का प्रबन्ध करना आरम्भ किया। जिसमें उन्हें सफलता भी मिली। ये पत्रक सैनिक परिवारों तक पहुंचने लगे और लोगों के बीच जाकर अपना काम करने लगे। जब अंग्रेजों को इन पत्रकों पर सन्देह हुआ तो उन्होंने इन्हें प्रतिबन्धित करने के कदम उठाने आरम्भ कर दिये। जैसे ही सावरकर व उनके साथियों को यह पता चला कि उनकी योजना की जानकारी अंग्रेजों को हो गयी है, तो उन्होंने अपना कार्यक्रम तुरन्त रोक दिया अर्थात् पत्रक भेजने बन्द कर दिये गये। अच्छी बात यह रही कि ब्रिटिश अधिकारी यह पता नहीं कर पाये कि इन पत्रकों के पीछे किसका मस्तिष्क कार्य कर रहा था?

राम व रामायण के विषय में सावरकर के विचार

सावरकर जी जितने देशभक्त थे, उतने ही संस्कृति भक्त और इतिहास भक्त थे। उन्हें अपनी संस्कृति और हिन्दुत्व के गौरवशाली इतिहास का बोध था और उससे असीम अनुराग भी था, इसीलिए वह देशभक्त भी थे। वह भारत के महानायक रामचन्द्रजी और उनकी रामायण के प्रति पूर्णतः श्रद्धालु थे। वह राम और रामायण को भारत की आत्मा मानते थे। वैसे भी राम और रामायण प्राचीन काल से ही वैदिक संस्कृति के मूल्यों के प्रतीक व ध्वजवाहक बनकर भारतवासियों का मार्गदर्शन करते आ रहे हैं। राम वैदिक संस्कृति के ध्वजावाहक थे, तभी तो उनके जीवन पर वाल्मीकि जैसे एक महान ऋषि की लेखनी कुछ लिखने के लिए चली। राम और रामायण पर इंग्लैण्ड में आयोजित **'श्रीराम जन्मोत्सव'** पर भाषण करते हुए सावरकर जी ने कहा–

"अगर मैं इस देश का डिक्टेटर होता तो सबसे पहला काम यह करता कि महर्षि बाल्मीकि द्वारा लिखित 'रामायण' को जब्त करने का आदेश जारी करता। क्यों? इसलिए कि जब तक यह ग्रन्थ भारतवासी हिन्दुओं के हाथों में रहेगा, तब तक न तो हिन्दू किसी दूसरे ईश्वर या सम्राट के सामने सिर झुका सकते हैं, और न उनकी नस्ल का ही अन्त हो सकता है।"

इस प्रकार सावरकर राम और रामायण को भारत की मूल चेतना से जोड़कर देखते थे। उनका मानना था कि राम और रामायण का तथा भारत का अन्योन्याश्रितता का सम्बन्ध है। इनकी एक दूसरे के बिना कल्पना भी नहीं की जा सकती। सावरकर ने अपने सम्बोधन में आगे कहा–

"आखिरकर क्या है रामायण के अन्दर ऐसा कि वह गंगा की भांति भारतवासियों के अन्तःकरण में आज तक बहती चली आ रही है। मेरी सम्मति में रामायण लोकतंत्र का आदिशास्त्र है–ऐसा शास्त्र जो लोकतंत्र की कहानी ही नहीं, लोकतंत्र का प्रहरी, प्रेरक और निर्माता भी है। इसीलिए तो मैं कहता हूं कि अगर मैं इस देश का डिक्टेटर होता तो सबसे पहले रामायण पर प्रतिबन्ध लगाता। जब तक रामायण यहां है, तब तक इस देश में कोई भी डिक्टेटर पनप नहीं सकता।

"रामायण की शक्ति की कौन कहे? क्या कहीं नजर आता है कोई ऐसा सम्राट, साम्राज्य, अवतार या पैगम्बर जो राम की तुलना में ठहर सके? सबके खण्डहर आर्तनाद कर रहे हैं, किन्तु रामायण का राजा, उसका धर्म उसके द्वारा स्थापित रामराज्य, भारतवासियों के मानस में आज भी ज्यों का त्यों जीवित एवम् प्रभासित है।

"चक्रवर्ती राज्य को त्याग वल्कल वेश में भी प्रसन्नवदन, राजपुत्र–किन्तु अयोध्या से रामेश्वरम् तक लोकजीवन के बीच, लोकवत विचरण, शबरी के बेर, अहिल्या का उद्धार, लंका विजय, मगर फूल की भाँति उसे अर्पण कर दिया उस विभीषण को जिसने डिक्टेटर व धर्मद्रोही भाई (रावण) का विरोध कर प्रजातन्त्र का ध्वज फहराया था।

"ऐसे थे रामायण के राम। जिनकी जीवन गाथा रामायण में अजर अमर है। इस देश को मिटाने के लिए बड़ी-बड़ी ताकतें आयीं–मुगल, शक, हूण आये, किन्तु वे इसे मिटा न सकें। कैसे मिटाते? पहले उन्हें रामायण को मिटाना चाहिए था।"

रामायण के विषय में सावरकर का यह चिन्तन भारतीय संस्कृति के प्रति उनके पूर्ण समर्पण का प्रतीक है। उनका चिन्तन सार्थक था, अपने महापुरूष राम को उन्होंने स्मरण भी किया तो उसे लोकतंत्र और तानाशाही शासन व्यवस्था के सन्दर्भ में स्मरण किया और बड़ी चतुराई से बता गये कि लोकतंत्र का समर्थक भारत है। क्योंकि उसके पास राम और रामायण है; जबकि तानाशाही का समर्थक ब्रिटेन है, क्योंकि उसके पास राम और रामायण नहीं है। लेखन और भाषण में ऐसा बौद्धिक चातुर्य सावरकर जी से अलग भला अन्य किस व्यक्ति के पास मिल सकता है?

मदनलाल ढींगरा और सावरकर

मदनलाल ढींगरा उन दिनों सशस्त्र क्रान्ति के दीवाने बन चुके थे। वह भी भारत के हर क्रान्तिकारी की भाँति विदेशी सत्ता को उखाड़ फेंकने के लिए सशस्त्र क्रान्ति की योजनाएं बनाते रहते थे। वह **'इण्डिया हाउस'** में सावरकर से मिले और उन्हें अपने उद्‌देश्यों से अवगत कराया। सावरकर उनके उद्‌देश्यों को जानकर बड़े प्रसन्न हुए और उन्होंने अपने सामने खड़े क्रान्तिकारी मदनलाल ढींगरा के हाथ में एक तेजधार वाला सुआ घुसेड़ दिया। ढींगरा इस परीक्षा में उत्तीर्ण हो गये, क्योंकि उन्होंने अपने हाथ में घुसे सुआ को देखकर 'सी' तक न बोली। सावरकर उनके इस प्रकार के साहसिक आचरण से बड़े प्रभावित हुए। फलस्वरूप उन्होंने ढींगरा को अपने दल में सम्मिलित कर लिया।

1 जुलाई 1909 का दिन मदनलाल ढींगरा के लिए बड़ा महत्वपूर्ण रहा। यही वह दिन था जिस दिन भारत के उस शेर ने अपने जीवन की सार्थकता को सिद्ध किया और भारत के इतिहास में अपना नाम अमर कर लिया था। वास्तव में उस दिन उसकी साधना पूर्ण हो गयी थी और वास्तविक परीक्षा में भी वह उत्तीर्ण हो गया था, जब उसने लन्दन के इम्पीरियल इन्स्टिटयूट के जहांगीर हॉल में सर करजन वायली नामक एक अंग्रेजों अधिकारी को अपनी गोली से शान्त कर दिया था। अंग्रेजों की धरती पर किये जाने वाले इस अपराध का दण्ड ढींगरा भली प्रकार जानते थे, परन्तु उन्हें वही करना था जो उन्होंने ठान लिया था और जिसे करना उन्होंने अपना जीवनोद्‌देश्य बना लिया था।

इसलिए उस लक्ष्य से भ्रमित होना या भटक जाना या उसे प्राप्त करने पर भयभीत हो जाना उनके लिए असम्भव था।

उनके द्वारा अद्भुत साहस और शौर्य का परिचय दिया गया, जिसे देखकर सभा में सन्नाटा छा गया। लोगों में भगदड़ मच गयी। मदनलाल ढींगरा को गिरफ्तार कर लिया गया। इस पर कुछ अंग्रेज भक्त भारतीयों ने सर आगा खाँ के नेतृत्व में एक शोक सभा का आयोजन किया। आगा खाँ ने कहा–**"इस हिंसक व निन्दनीय कार्य की सर्वसम्मति से कड़ी भर्त्सना की जाती है।"** इस शोकसभा में सावरकर स्वयं उपस्थित थे। वह भड़क कर खड़े हो गये और बोले कि–**"सर्वसम्मति से नहीं, मैं इस प्रस्ताव का विरोध करता हूं।"**

सावरकर का ऐसा साहस देखकर पामर नामक एक अंग्रेज अधिकारी ने सावरकर को घूंसा जड़ दिया। जिस पर सावरकर के एक साथी ने उस अंग्रेज का सिर अपनी लाठी से फोड़ दिया। इस प्रकार सर्वसम्मति से पारित होता हुआ शोक प्रस्ताव बीच में ही लटक कर रह गया।

'मैन चेस्टर गार्जियन' के संवाददाता ने इस घटना का आंखों देखा हाल इस प्रकार लिखा था–**"इतने में सभा स्थल से No! No! Not unanimously (नहीं, नहीं, सर्वसम्मति से नहीं) की ध्वनि उठी। वहां के हिन्दुस्तानी नेता और एंग्लो इंडियन्स चिढ़कर चिल्लाने लगे–"कौन 'नहीं' कहता है? कौन इसके विरूद्ध है।" इसी बीच आवाज आयी "मैं"। "मैं" सुनते ही एक भारतीय भावनगरी आपे से बाहर होकर चिल्ला उठा–"लात मारकर उसे हॉल से बाहर कर दो, कहाँ है वह? कौन है वह।"**

इसी बीच उत्तर मिला–**"मैं जहाँ खड़ा हूँ। मेरा नाम सावरकर है। मैं इस प्रस्ताव के विरूद्ध हूँ।"**

लोगों ने पीछे मुड़कर देखा कि एक दुबला-पतला युवक निर्भीकता के साथ खड़ा है। जवानी और बुद्धिमत्ता उसके चेहरे से टपक रही थी। सभा में कोलाहल मच गया। लोग चिल्लाने लगे, **"मारो उसे।"** 'सावरकर' नाम सुनकर सभी भयभीत हो गये थे। कहीं उसके पास बम तो नहीं। इसी बीच भावनगरी का संकेत पाकर पामर नामक गोरा आगे बढ़ा और उसने सावरकर की आंख पर आघात किया। उनका चश्मा टूट गया। आंख से रक्त की धारा बह निकली। सावरकर ने प्रति उत्तर में दृढ़ता के साथ कहा–**"मैं अब भी इस प्रस्ताव के विरूद्ध हूं।"**

तभी सावरकर को लहूलुहान देखकर एक भारतीय का क्रोध फूट पड़ा और उस देशभक्त साथी ने पामर पर अपनी छड़ी से आघात किया। जिससे पामर का सिर फूट गया। सभा में भगदड़ मच गयी। सावरकर को पुलिस द्वारा गिरफ्तार कर लिया गया। बाद में साक्ष्य के अभाव में उन्हें छोड़ दिया गया।

सावरकर जी दृढ़ निश्चय के रूप में एक चट्टान की भाँति थे। अपने लिए गये निर्णय से पीछे हटना उनके लिए सम्भव नहीं था। उन्होंने ढींगरा को अपने साथ लेने से पहले उसकी परीक्षा ली थी तो समय आने पर परीक्षा देने के लिए स्वयं भी आगे आ गये और जैसे ढींगरा ने हाथ में आरपार निकल गये सुआ को देखकर भी 'सी' नहीं कहा था अपितु शान्त भाव से खड़े रहे थे, वैसे ही सावरकर ने भी लहूलुहान होकर भी 'सी' नहीं कहा और ना ही अपने संकल्प से पीछे हटने का कोई संकेत दिया। उन्हें पता था कि यहां कुछ भी होना सम्भव है। पर उन्हें यह भी ज्ञान था कि यदि आज सही समय पर वह 'विरोध' नहीं कर पाये तो अनर्थ हो जायेगा। मां भारती उन्हें श्राप देगी। इसलिए वह परिणामों की चिन्ता किये बिना बोल पड़े और सर्वसम्मति से पारित होने वाले शोक प्रस्ताव को 'रोक प्रस्ताव' बनाने में सफलता प्राप्त की।

उन्होंने मदनलाल ढींगरा का बचाव करते हुए एक लेख लिखा, जो कि **'लन्दन टाइम्स' में छपा। उन्होंने लिखा था—"अभी अभियुक्त की जांच अदालत में नहीं हुई है। अनेक लोगों का मत है कि यह घटना पागलपन या निजी द्वेष का परिणाम हो सकती है। ऐसी स्थिति में उसके कार्य को राजनैतिक समझ लेना या उसे हत्या का दोषी मान लेना अदालत की अवमानना करना है। यदि अदालत निर्णय करे कि खून राजनैतिक दृष्टि से नहीं किया गया है तब? इसलिए, निषेध प्रदर्शन की जल्दी करने की आवश्यकता नहीं। आज तक कई गोरे सिपाहियों ने हिन्दुस्तानियों की हत्या की है, पर ऐसी अवस्था में अदालत के फैसले के पहले किसी अंग्रेज ने निषेध प्रदर्शक सभा की है? सम्भव है उन सिपाहियों की तरह शराब के नशे में यह हत्या हुई हो! अदालत से फैसला होने से पूर्व अंग्रेजों ने निषेध सभा नहीं की। ऐसी अवस्था में हिन्दुस्तानी लोग स्वयं ही न्याय देने की शीघ्रता न करें। इसी आशय की उपसूचना मैं पेश करने वाला था। उप सूचना के पश्चात प्रस्ताव एकमत से स्वीकृत किया जा सकता था। पर ऐसा न करते हुए, कल्पना जन्य बम का चित्र देख कर सभी लोग सभा से भाग निकले और मुझ पर अन्याय पूर्ण प्रहार किया गया।"**

इस लेख में जहां सावरकर जी ने मदनलाल ढींगरा का बचाव किया है, वहीं वायली की हत्या पर होने वाली शोक सभा के औचित्य पर भी प्रश्नचिन्ह लगाया है और उसे पूर्णतः असवैधानिक बैठक सिद्ध करने के लिए अपनी तार्किक बुद्धि का परिचय दिया है।

इस लेख के प्रकाशन से कई अंग्रेजी समाचार पत्रों का विरोध शान्त हो गया तो कई ने साहस करके सावरकर के मत का समर्थन किया। सुरेन्द्र नाथ बनर्जी ने भी अपना वक्तव्य सावरकर के पक्ष में दिया। उन्होंने कहा–**"सावरकर जी का कहना बिल्कुल न्यायपूर्ण है तथा उन पर किया गया प्रहार अत्याचार था।"**

जिस व्यक्ति ने सावरकर को घूसा मारा था उसने घमण्ड से 'टाइम्स'में एक पत्र लिखा कि मैं ही वह व्यक्ति हूं जिसने सावरकर को एक असली ब्रिटिश घूसा दिया था। इस व्यक्ति को उसके अहंकार का सही पुरस्कार देते हुए अगले दिन ही 'टाइम्स' में छपा–**"ब्रिटिश घूसे का सिर फोड़ने वाली एक सीधी हिन्दुस्तानी लाठी।"**

"भारत की यह वीरता
करती है ऐलान।
दम खम जिसके पास हो
आवे बीच मैदान ॥"

मदनलाल ढींगरा को वायली की हत्या के अपराध में न्यायालय में उपस्थित किया गया। तब भारत माता के उस शेर ने न्यायालय में जिस निर्भीकता के साथ अपनी बात रखी, वह भी कम प्रशंसनीय नहीं है। शौर्य और साहस की प्रतिमा बने मां भारती के उपासक उस शूरवीर ने न्यायालय को स्पष्ट किया–**"मैं स्वीकार करता हूं कि उस दिन मैंने उस अंग्रेज का रक्त बहाने की चेष्टा की थी, पर यह इसलिए कि अंग्रेज सरकार अमानुषिक रूप से जो हिन्दुस्तानी देशभक्तों को फांसी देती और काला पानी भेजती है उसका मैं एक साधारण प्रतिकार ले सकूं। इस कार्य में मैंने किसी की भी सलाह नहीं ली है, अपितु मैंने केवल अपनी अन्तरात्मा से प्रेरित होकर ही अपने कर्त्तव्य का पालन किया है। "मेरा अपना यह दृढ़ विश्वास है कि संगीनों की सहायता से कोई जाति जब किसी दूसरी जाति को परतन्त्र करती है, तब वह परतन्त्र जाति उस जाति से एक स्थायी युद्ध की दशा में रहती है। चूंकि हमारे पास बन्दूकें नहीं**

है, अतः मैंने केवल अपनी पिस्तौल निकालकर ही शत्रु पर अचानक आक्रमण किया।

"एक हिन्दू के नाते मेरा अपना यह दृढ़ विश्वास है कि मेरे राष्ट्र की पूजा भगवान श्रीराम की पूजा है, देश की सेवा भगवान श्री कृष्ण की पूजा है।

"मेरे जैसा निर्धन और मूर्ख पुत्र माता की आराधना के लिए अपने रक्त के अतिरिक्त और दे भी क्या सकता है? इसीलिए मैं अपने रक्त से माता का अभिषेक कर अपना कर्त्तव्य पालन कर रहा हूं।

"इस समय भारतवासियों को एक यही शिक्षा हम स्वयं मर कर ही ग्रहण करा सकते हैं। इसीलिए मैं स्वयं मृत्यु का आलिंगन कर रहा हूं।

"यह युद्ध भारत और इंगलैण्ड के बीच उस समय तक बराबर जारी रहेगा जब तक कि भारत पूर्णरूपेण दासता के बन्धनों से मुक्त न होगा तथा उस समय तक चलेगा जब तक संसार में हिन्दू और अंग्रेज जातियां रहती हैं।

"जब तक हमारा देश स्वतंत्र नहीं होता, भगवान श्रीकृष्ण इन शब्दों के द्वारा हमें प्रबोधित करते रहेंगे, "यदि तुम युद्ध करते हुए मर जाते हो तो तुम्हें स्वयं प्राप्त होगा, यदि सफल होते हो पृथ्वी तल पर राज्य करोगे।

"आत्मा अमर है। यदि मेरे देशवासियों में से हर एक मरने से पूर्व कम से कम दो अंग्रेजों की जान ले ले तो माता की मुक्ति एक दिन का काम है।

"ईश्वर से मेरी अन्तिम प्रार्थना है कि मैं तब तक उसी भारत माता से जन्मता और पुनः मरता रहूं जब तक कि माता स्वतंत्र न हो जाये।"

इस प्रकार ढींगरा ने अंग्रेजों की धरती पर किये गये अपने वीरतापूर्ण कृत्य का वह पक्ष भी अंग्रेजों के न्यायालय में रखकर सबको चौंका दिया, जो कि उस समय भारत का राष्ट्रीय संकल्प बन चुका था, और वह था माता की मुक्ति का संकल्प। यह संकल्प हमारा युगों पुराना राष्ट्रीय संस्कार ही था, क्योंकि हमने स्वतंत्रता का सदा से उपभोग किया था और दूसरों की स्वतंत्रता का सम्मान करते हुए किया गया था। भारत की इस महान परम्परा को ढींगरा ने न्यायालय को सच सच बता दिया और उसे यह भी बता दिया कि अपने राष्ट्रीय संकल्प के लिए वह बार-बार जन्म लेना व मरना चाहेगा। क्योंकि भारत माता की मुक्ति हमारा वह संकल्प है जिसके लिए हम एक नहीं अनेकों जीवन देने को तैयार हैं। दो जन्मों की उम्रकैद करने की मूर्खतापूर्ण अवधारणा अंग्रेजों की थी। जिसे कोई दे ही नहीं सकता। पर अनेकों जन्मों को मां भारती

के लिए वार देने की अनोखी परम्परा तो हमारी ही थी जिसके सामने विश्व के अन्य देशों के लोगों की देशभक्ति भी बौनी पड़ जाती है।

17 अगस्त 1909 को ढींगरा को फांसी पर लटका दिया गया। इस प्रकार लगभग सवा महीने में ही उनके मुकद्मे को निपटा लिया गया। न्यायप्रियता का ढिंढोरा पीटने वाले अंग्रेजों ने न्याय का गला घोंट कर एक देशभक्त को फांसी पर लटका दिया। फांसी पर लटकने से पूर्व ढींगरा ने श्रीकृष्ण जी की पूजा व गीता का पाठ किया, जिससे **'दुष्टों के संहार'** के लिए उनका पुनर्जन्म हो सके और श्रीकृष्ण की भांति अधर्मी लोगों का वह हर जन्म में संहार कर सकें। मरने से पूर्व उन्होंने यह भी स्पष्ट कर दिया था कि मेरे शव को कोई अहिन्दू स्पर्श न करे और मेरी अन्त्येष्टि पूर्ण वैदिक रीति से ब्राह्मणों के द्वारा की जाये। इससे पूर्व 22 जुलाई को सावरकर ने उनसे जेल में जाकर भेंट की थी। उन्होंने ढींगरा से कहा था–**"मैं तुम्हारे दर्शनों के लिए यहां आया हूं।"**

मैडम कामा ने 'वन्देमातरम्' के प्रथम अंक में लिखा था–**"आने वाले युग में जब भारत में ब्रिटिश साम्राज्य धूल में और राख में मिल चुका होगा, तब भारत के मुख्य-मुख्य नगरों के चौराहों पर शहीद ढींगरा की मूर्तियां प्रतिष्ठित की जायेंगी, और भविष्य की पीढ़ियां उन पर श्रद्धा के पुष्प चढ़ाकर उस अनुपम बलिदानी की स्मृति को चिर स्मरणीय रखेंगी, जिसने अपने देश की प्रतिष्ठा के लिए सुदूर विदेश की भूमि में अपना जीवन न्यौछावर कर दिया।"**

ढींगरा जी के अन्तिम वक्तव्य पर सावरकर ने कहा था–**"ढींगरा महास्वाभिमानी हिन्दू थे। उनके मतानुसार राष्ट्र को वह वध भगवान राम, कृष्ण, शिवा, प्रताप आदि हिन्दू स्वाभिमानियों की वीर परम्परा का एक अंग था वह ईश्वरीय कृत्य था। भारतीय स्वातंत्र्य समर की ज्योति प्रज्ज्वलित करने वाला एक निनाद था–उनका ऐतिहासिक वक्तव्य।"**

फांसी के फन्दे जिन्हें लगे
एक डोर रेशमी जैसे।
उन्हें भुला सकती है भारत
माता बोलो कैसे?
जिनके शोणित की धार बही
भारत की खुशहाली को,

उनके ऋण से उऋण
बताओ भारत होगा कैसे?

ढींगरा के ऋण से हम उऋण नहीं हो सकते। उनके बलिदान ने शुत्र को जीत में भी पराजय का बोध कराया था। अंग्रेज भीतर तक हिल गया था। हमें यह लिखने में भी गर्व होता है कि इस सबके पीछे कहीं न कहीं सावरकर का उचित मार्गदर्शन और प्रेरणा भी काम कर रहे थे।

अध्याय–2

बोयी हुई फसल हीरे उगलने लगी

वीर सावरकर अपने देश के क्रान्तिकारी युवाओं को सशस्त्र क्रान्ति के लिए प्रेरित करते रहते थे। इसके लिए उन्हें वह आधुनिक शस्त्रों से सुसज्जित करने के लिए भी प्रयासरत रहते थे। इसका कारण यह था कि वह अपने एक भी साथी को अंग्रेजों के द्वारा यूं ही मरवा लेने के समर्थक नहीं थे। उनका मत था कि मारकर मरो तो अच्छा है। उन्होंने भारत में जिन युवाओं को क्रान्ति पथ पर अग्रसर करते हुए उन्हें शस्त्र उपलब्ध कराये उनमें एक 16 वर्षीय किशोर कान्हेरे भी था। इस किशोर ने 19 अप्रैल 1909 को नासिक के जिलाधीश मि. जैक्सन के विदाई समारोह में उपस्थित होकर मि. जैक्सन को ही अपनी पिस्तौल की गोली का शिकार बना दिया। अंग्रेजों ने इस भारतीय क्रान्तिकारी बालवीर को फांसी के फन्दे पर लटका दिया। पर यह वीर था कि फांसी पर झूलते हुए भी गीता को हाथ में लिये हुए तेजस्वी चेहरे के साथ मां के तराने गा रहा था। मानो वह कह रहा था कि एक जिलाधीश को मारना अपनी मां भारती की सेवा करना मेरा जीवनव्रत था–जिसे मैंने पूर्ण कर लिया है। इसलिए मुझे अब कोई प्रायश्चित नहीं है कि मैंने क्या कर दिया है? मैं भारत माता की सेवा करके चला हूं और लौट कर फिर सेवा में तत्पर हो जाऊंगा।

मां भारती की सेवा के लिए सावरकर ने बलिदानों की फसल बोयी थी, और अब ये फसल 'हीरे' उगल रही थी। जिसे समझने में अंग्रेज अधिकारियों को देर नहीं लगी। उन्होंने समझ लिया कि इन सारी घटनाओं के पीछे सावरकर की बुद्धि काम कर रही है। 'रौलट कमेटी' ने भी अपनी रिपोर्ट में यही कहा था कि जिलाधिकारी को मारने में प्रयोग की गयी पिस्तौल को सावरकर ने **'इण्डिया हाउस'** के एक रसोइये के बक्स के तलुवे में रखकर भारत भेजा था।

उन्हीं दिनों सावरकर जी के बड़े भाई श्री गणेश, दामोदर सावरकर ने **'लघु अभिनव भारत मेला'** नामक देशभक्ति पूर्ण पुस्तक लिखी थी। अंग्रेजों ने

उन्हें इस पुस्तक के प्रकाशन के अपराध में गिरफ्तार कर 20 वर्ष के लिए जेल में डाल दिया। न्यायालय ने अपने निर्णय में कहा कि यह कुछ हिन्दू देवी देवताओं और शिवाजी का नाम लेकर वर्तमान सरकार के विरूद्ध युद्ध का वातावरण बनाने के लिए लिखी गयी पुस्तक है। पुस्तक में कहा गया है कि तलवार उठाओ और इस सरकार को समाप्त कर दो।

सरकार सावरकर को विदेश में रहते हुए हिला देना चाहती थी, पर उन पर इस बात का कोई प्रभाव नहीं पड़ा। फलस्वरूप सरकार ने सावरकर के छोटे भाई नारायण को भी क्रान्तिकारी गतिविधियों में भाग लेने के कारण जेल में डाल दिया।

अब बारी सावरकर की थी। ब्रिटिश पुलिस अधिकारी अब उनके पीछे पड़ गये थे। उन्होंने अपने मित्रों के आग्रह पर इंग्लैण्ड छोड़ दिया और पेरिस चले गये। पर वहां उनको ऐसा लगा जैसे कि उन्होंने अपने मित्रों को खतरों के बीच छोड़कर उचित नहीं किया है। अतः वे श्यामजी कृष्ण वर्मा के समझाने के उपरान्त भी पेरिस से इंग्लैण्ड को चल दिये। जहां 13 मार्च 1910 को लन्दन के विक्टोरिया स्टेशन पर पहुंचते ही उन्हें गिरफ्तार कर लिया गया। उन पर भारत के अंग्रेजी शासन के विरूद्ध षड्यन्त्र करने, ब्रिटिश सम्राट की प्रभुसत्ता को चुनौती देने, अवैध शस्त्राशस्त्रों का संग्रह करने, जैक्सन व करजन वायली की हत्या की प्रेरणा देने, लन्दन से हथियारों को भारत पहुंचाने के अवैध कार्य को करने तथा लन्दन प्रवास के काल में वहां राजद्रोह को प्रेरित करने वाले भाषण देने के गम्भीर आरोप लगाये गये।

सावरकर पर इंग्लैण्ड में ही मुकद्दमा चलाया गया। पर मुख्य न्यायाधीश के हस्तक्षेप से उनका मुकद्दमा भारत के लिए स्थानान्तरित कर दिया गया। वैसे उन पर भारत में मुकद्दमा चलाने का वास्तविक कारण यह था कि इंग्लैण्ड में सावरकर को चाहने वाले कई आयरिश युवा ऐसे थे जो उनकी गाड़ी पर आक्रमण कर उन्हें ब्रिटिश अधिकारियों और जेल से मुक्त करा लेने की योजनाएं बना रहे थे। जिसकी सूचना पुलिस को मिल चुकी थी।

इंग्लैण्ड से सावरकर जी ने अपनी भाभी के लिए पत्र लिखा—**“अनेक पुष्प उत्पन्न होते हैं और सूख जाते हैं, कोई उनकी गिनती नहीं करता। किन्तु हाथी की सूंड द्वारा भगवान के श्री चरणों में समर्पित पुष्प अमर हो जाता है। (अर्थात् मां भारती हमारे लिए भगवान के तुल्य है, उसके लिए यदि हम**

बलिदान हो जाते हैं तो यह हम तीनों भाइयों का सौभाग्य होगा) इसी प्रकार हम तीनों भाई कमल पुष्प की भांति भगवान श्री हरि (मातृभूमि) के चरणों में समर्पित होकर अमर हो जायेंगे।"

इसका पद्य रूप इस प्रकार हो सकता है–

पुष्प अनेकों पैदा होते
एक खेत की क्यारी में,
कुछ को धूप सुखा देती है
कुछ मस्त रहें दुनियादारी में।
सौभाग्य उसी का होता है,
जिसे पूजा का अधिकार मिले,
हाथी की सूंड में बैठ चले
जो देश की राज सवारी में ॥

अंग्रेज भी हो गये थे लेखनी के दीवाने

जिस वक्ता के सम्बोधन से ऊंघते हुए लोग जाग पड़ें और शोर मचाते हुए श्रोतागण शान्त होकर वक्तव्य को लयबद्ध होकर सुनने लगें वह वक्ता सफल वक्ता होता है, इसी प्रकार जिस कवि की कविता पानी में आग लगा दे तथा देश के सोते हुए युवा को जगाकर देश की सीमाओं का प्रहरी बना दे वह कवि सफल कवि होता है और जिस लेखक की लेखनी पाठक को अपने साथ बांध ले और उसकी रूचि को सब ओर से रोककर प्रस्तुत किये जा रहे विषय तक बांधने में सफल हो जाये, वह जो लिखे उसी पर पाठक 'वाह-वाह' कह उठे तो वह लेखक सफल होता है।

सावरकर जी एक साथ इन तीनों प्रतिभाओं से परिपूर्ण थे। वह वक्ता भी थे, कवि भी थे और लेखक भी थे। यह उन्हीं की प्रतिभा थी जो इन तीनों क्षेत्रों में उन्हें अनुपम और अद्वितीय सिद्ध करती थी। उनकी इस प्रतिभा के दीवाने कई अंग्रेज राजनीतिज्ञ विद्वान और पत्रकार भी थे। इंग्लैण्ड के एक पत्रकार थे श्री गाय आल्ड्रेड। श्री आल्ड्रेड न केवल सावरकर जी से प्रभावित थे, अपितु वह उनके भारतीय स्वतंत्रता सम्बन्धी विचारों का समर्थन भी करते थे। जिस कारण श्री आल्ड्रेड को ब्रिटिश सरकार की जेलों में यातनायें भी झेलनी पड़ीं। श्री आल्ड्रेड के इन महान कार्यों को यह देश सदा याद रखेगा।

उनके साथ-साथ जिन अंग्रेजों ने भी भारत के स्वातंत्र्य समर में क्रान्ति योद्धा सावरकर का उस समय समर्थन किया और उन्हें किसी भी प्रकार से अपना सहयोग प्रदान किया वे भी इस कृतज्ञ राष्ट्र के लिए अभिनन्दनीय और वन्दनीय हैं। श्री आल्ड्रेड **'हेराल्ड ऑफ रिवोल्ट' 'फ्री वूमैन'** एवम् **'जस्टिस'** आदि पत्रों के सम्पादक प्रकाशक व प्रतिनिधि थे। उन्होंने 1857 के प्रथम स्वातंत्र्य समर पर सावरकर जी का भाषण सुनकर स्वयं को सावरकर के लिए समर्पित कर लिया था। उन्होंने 'हेराल्ड ऑफ रिवोल्ट' में लिखा था–**"वीर सावरकर के तर्कपूर्ण भाषण को सुनकर मेरा भ्रम चकनाचूर हो गया। 1857 में भारत में जो संघर्ष हुआ, वह वस्तुतः भारत की स्वाधीनता का पहला महान संग्राम था। भारतीयों की स्वाधीनता की मांग अत्यन्त न्यायपूर्ण व माननीय है। उन्हें अब अधिक समय तक गुलाम नहीं रखा जा सकता।"**

उनका यह लेख ही उनके लिए महंगा पड़ा और उन्हें उठाकर जेल में डाल दिया गया। श्री आल्ड्रेड ने श्यामजी कृष्ण वर्मा के **'इण्डियन सोशयॉलोजिस्ट'** पत्र को उस समय भी अपने मुद्रणालय से छापने का कार्य किया था जिस समय उस पत्र को छापने पर ब्रिटिश सरकार रोक लगा चुकी थी और कोई प्रकाशक उसे अपने यहां से छापने से बचता था। उन्होंने अपनी ही सरकार के आदेशों की धज्जियां उड़ाते हुए भारत के पक्ष का समर्थन किया और भारतीय क्रान्तिकारियों के महान कार्यों को अपना सहयोग प्रदान किया। जिस कारण उन्हें 'ब्रिस्टन' जेल में डालकर अमानवीय यातनायें दी गयीं। श्री आल्ड्रेड ने न्यायालय में अपने मुकदमें की स्वयं पैर्रवी करते हुए स्पष्ट वक्तव्य दिया था–**"1857 में हुए भारत के प्रथम स्वातंत्र्य संग्राम को 'बलवा' या बगावत' कहना वास्तविक घटना को छिपाना व इतिहास के साथ अन्याय करना है। वास्तव में 1857 का आन्दोलन भारतीय स्वातंत्र्य का महान आन्दोलन था।"** श्री आल्ड्रेड ने बेली तथा बोस्ट्रीट न्यायालयों में भी भारत की स्वाधीनता का समर्थन किया था। जिससे उन पर ब्रिटिश सरकार ने 'देशद्रोही' तक का आरोप लगाया गया था और उन्हें कठोर यातनायें दी थीं।

संयोग की बात थी कि सावरकर को भी उसी जेल में बन्द किया गया था जिस 'ब्रिस्टन' जेल में आल्ड्रेड बन्दी थे। पर सरकार के ये कड़े आदेश थे कि ये दोनों वहां किसी भी परिस्थिति में परस्पर बात न कर पायें। जब आल्ड्रेड मुक्त किये गये तो भी वह सावरकर के प्रति श्रद्धा भाव रखते थे, यही कारण

था कि जब सावरकर जहाज से छलांग लगाकर भाग निकले थे तो उस समाचार पर भी आल्ड्रेड ने प्रसन्नता व्यक्त की थी और सावरकर की वीरता की प्रशंसा किये बिना नहीं रहे थे। उन्होंने एक बार लिखा था–**"मेरी यह दृढ़ धारणा है कि वीर सावरकर जी की पीढ़ी में उन जैसा कोई और भारतवर्ष में पैदा नहीं हुआ। वीर सावरकर ने जो अनगिनत कष्ट सहे हैं, उसी के परिणामस्वरूप भारतवर्ष ने स्वाधीनता प्राप्त की। आदर्श सिद्धान्तों के लिए जी जान से प्रयत्न करने वालों में सावरकर का स्थान बहुत ऊंचा है। सावरकर जी अभ्यासी तथा बुद्धिमान होने से महान पंडित भी हैं। वीर सावरकर केवल हिन्दी देशभक्त ही नहीं, अपितु समस्त विश्व के प्रेरणा स्रोत भी हैं। मैं तो मानव समाज के दर्शनकार के रूप में उन्हें देखता हूं। भारतीय जनता का यह आद्य कर्त्तव्य है कि सम्पूर्ण स्वतंत्रता के जनक के रूप में उनका सत्कार करे।"**

ऐसे आल्ड्रेड के नाम से देश में कोई पार्क बने या किसी सड़क का नाम रखा जाये तो कितना अच्छा हो?

देशभक्ति की उत्कृष्ट अनुकरणीय भावना

क्रान्तिवीर सावरकर के रोम-रोम में अपने देश के प्रति असीम भक्ति भावना का पुट भरा था। जब वह 'ब्रिस्टन' जेल में थे, तो उन्हें एक बार ऐसा आभास हुआ कि अब वे शीघ्र ही फांसी पर लटका दिये जायेंगे। तब उन्होंने अपनी भाभी के लिए मराठी में जो पत्र लिखा था–उसके उत्कृष्ट भाव, उनकी उत्कृष्ट और अनुकरणीय देशभक्ति को प्रकट करते हैं। इसे उन्होंने उस समय अपना अंन्तिम पत्र मानकर ही लिखा था, इसलिए कई लोगों ने इसे उनका 'मृत्यु पत्र' भी कहा है।

वह लिखते हैं–**"मातृभूमि! तेरे चरणों पर मैं अपना मन अर्पण कर चुका हूँ। मेरा वक्तृत्व, वाग्वैभव, मेरी नई कविता सभी तेरे चरणों में अर्पित करता हूं, मेरे लेखों में भी कोई अन्य विषय नहीं। तेरे स्थंडिल पर प्यारे मित्र संघ को डाल चुका हूं। अपना तन, मन, धन, यौवन सभी दे चुका हूं। तेरा कार्य ईश्वरीय कार्य है, इसीलिए तेरी सेवा में भगवान की सेवा दिखाई दी। प्रज्ज्वलित अग्नि में अपनी भावज, पुत्र कान्ता और अग्रज को भी भेंट कर चुका हूं और मैं स्वयं अपना शरीर चढ़ाने के लिए प्रस्तुत हूं। यही क्या? यदि हम सात भाई होते तो उनका बलिदान तेरे चरणों में होता। इस भारत भूमि की तीस करोड़ सन्तानें हैं,**

जो मातृ भक्ति में लगे हुए हैं वे धन्य हैं। हमारा कुल भी उनमें ईश्वरीय अंश के समान हैं। निर्वष्टा होकर भी हमारा वंश अखण्ड हो गया।

"वंश चाहे अखण्ड हो चाहे न हो, पर मातृभूमि! उद्देश्य पूरित हों। प्रज्ज्वलित अग्नि में माता के बन्धन तोड़ने के लिए अपना सर्वस्व जलाकर हम कृतार्थ हो गये हैं। प्यारी भावज! इस तरह सोचकर अपने कुल की सफलता समझिये। श्री पार्वती जी ने हिमगिरि की चोटियों पर तप किया है, और कई राजपूतानियां हंसते-हंसते प्राणों की आहुति दे चुकी हैं। प्यारी भावज! भारतीय ललनाओं में वह तेज, बल आज भी नष्ट नहीं हुआ है। इस बात को प्रमाणित करने के लिए भावज! तुम्हारा समस्त व्यवहार वीरांगना की भांति होना चाहिए। देवी, यहां से मेरा तुझे यही सन्देश है, तेरे वत्सल चरणों को यहीं से प्रणाम करता हूं। मेरा प्रेमपूर्वक प्रणाम स्वीकार करो। मेरी प्यारी पत्नी को आलिंगन कह देना। आज तक का इतिहास जिसको प्रकट रूप से दिव्य दाहक कहता है, उसी 'सतीव्रत' को प्यारी भावज् हमने सोच समझकर स्वीकार किया है।"

इस पत्र को हम अनुकरणीय इसलिए मानते हैं कि इसमें सामने खड़ी मृत्यु को देखकर किसी प्रकार की भावुकता नहीं है, ना ही अपने किये पर किसी प्रकार का प्रायश्चित है कि हमें ऐसा नहीं करना चाहिए था और यदि ऐसा हम ना करते तो आज फांसी के फन्दे पर लटकाने की हमारी तैयारी ना हो रही होती। पूरे पत्र में पूर्ण गम्भीरता है और देश के लिए मर मिटने का सौभाग्य मिलने पर सावरकर उसे अपने और अपने परिवार के लिए गर्व और गौरव का विषय मान रहे हैं। यह पत्र चाहे उन्होंने अन्तिम कहकर लिखा पर गम्भीरता और इसमें छिपी देशभक्ति की उत्कृष्ट भावना के चलते यह पत्र उनका 'उत्तम पत्र' बन गया। उनकी देशभक्ति और धर्म प्रेमी भावना का एक अमिट प्रमाण बन गया, जिसे पढ़कर यह अनुमान लगाया जा सकता है कि जो व्यक्ति अपने और अपने परिवार के बलिदान पर प्रसन्नतापूर्वक गर्व और गौरव की अभिव्यक्ति कर सकता है, उससे अन्य कितने लोग कितनी ऊर्जा प्राप्त करते होंगे और कितने लोग उससे प्रेरणा पाकर देशभक्ति की इस डगर पर चल पड़ते होंगे?

शिवाजी के अनुयायी सावरकर द्वारा जहाज से भागना

शिवाजी की देशभक्ति और बौद्धिक चातुर्य वीर सावरकर जी के लिए सदा ही प्रेरणास्रोत बने रहे। शिवाजी ने अपने जीवन काल में क्रूर बादशाह

औरंगजेब से टक्कर ली थी, तो उनके अनुयायी बने सावरकर को क्रूर अंग्रेजों की सत्ता से टक्कर लेनी पड़ रही थी। शिवाजी को भी औरंगजेब ने गिरफ्तार कर जेल में डाल लिया था, तो सावरकर को भी अंग्रेजों ने जेल में डाल दिया था। शिवाजी ने जेल में नारकीय जीवन की अपेक्षा स्वतंत्रता से जीने के लिए उस जेल से निकल भागने की योजना बनायी थी, और उसमें वह सफल भी रहे थे, उसके पश्चात वह 'हिन्दू राष्ट्र' के निर्माण में भी सफल रहे। अतः अपने आदर्श शिवाजी के बौद्धिक चातुर्य पर सावरकर जी जेल में रहते हुए गहन विचार मन्थन किया करते थे। वह भी चाहते थे कि अंग्रेजों की जेल में सड़कर मरने से उत्तम होगा स्वतन्त्र रहकर हिन्दू राष्ट्र निर्माण के लिए कार्य किया जाये। इसलिए सावरकर ने अपनी योजना को सिरे चढ़ाने के लिए कार्य करना आरम्भ कर दिया, उन्होंने अपने विश्वसनीय क्रान्तिकारी साथियों के सामने बड़े गोपनीय ढग से अपना विचार पहुंचा दिया था। उन साथियों के साथ मिलकर यह निश्चित किया गया कि सावरकर मार्ग में अंग्रेजों के चंगुल से निकल भागेंगे, तथा फ्रांस के तट पर अपने साथियों से मिलेंगे।

1 जुलाई 1910 को सावरकर जी को इंग्लैण्ड से मोरियन जलयान द्वारा भारत की ओर रवाना कर दिया गया।

अंग्रेज सुरक्षा अधिकारी वीर सावरकर की प्रत्येक गतिविधि पर बड़ी सूक्ष्म दृष्टि रखे हुए थे। 8 जुलाई को मार्सेल्स बन्दरगाह के निकट जब जलयान पहुंचा तो सावरकर शौच के बहाने पाखाने में जा घुसे। बड़ी फुर्ती से वे उछलकर पोर्ट हॉल को पकड़कर छेद से **'जय स्वातन्त्र्य लक्ष्मी'** का उदघोष करते हुए समुद्र में कूद गये। उनके पीछे-पीछे गोली बरसाते हुए ब्रिटिश सुरक्षा कर्मी भी जलयान से भाग रहे थे। सावरकर डुबकी लगाते, बाहर निकलते, फिर डुबकी लगाते-फिर बाहर मुंह निकालते। इसी क्रम में वह मार्सेल्स बन्दरगाह पहुंच गये। जहां उनके साथियों के आने में थोड़ा विलम्ब हो गया। बन्दरगाह पर तैनात फ्रांसीसी सुरक्षाकर्मी ने सावरकर को आते देखकर **'चोर-चोर'** का शोर मचा दिया। यद्यपि सावरकर जी को फ्रांसीसी सुरक्षा कर्मी ने ही पकड़ा था और वहां से ब्रिटिश सुरक्षा कर्मियों को उन्हें लेने का कोई वैधानिक अधिकार भी नहीं था, परन्तु फिर भी फ्रांसीसी कर्मी ने उन्हें ब्रिटेन के सुरक्षा कर्मियों को ही सौंप दिया। सावरकर के समर्थन में विश्व भर के कई समाचार पत्रों ने खुलकर लिखा कि फ्रांसीसी सीमा से उन्हें पुनः गिरफ्तार करने का ब्रिटेन का

कोई वैधानिक अधिकार नहीं था। यदि अंग्रेजों ने फिर भी ऐसा किया है तो यह उनका अवैधानिक कार्य है।

मैडम कामा, श्याम जी कृष्ण वर्मा आदि ने सावरकर जी को ब्रिटिश सरकार से वापस लेने के लिए अन्तर्राष्ट्रीय व्यक्तित्वों से मिलने की मुहिम चलाई। उनके परिश्रम व प्रयासों से 29 जुलाई को यह समाचार विश्व के प्रमुख समाचार पत्रों में प्रमुखता से छपा कि **"फ्रांसीसी सरकार ने ब्रिटिश सरकार से आग्रह किया है कि तब तक सावरकर के मुकद्दमें को स्थगित रखा जाये जब तक कि इस सम्बन्ध में पूरी जानकारी प्राप्त न कर ली जाये।"**

अन्तर्राष्ट्रीय समाचार पत्रों ने सावरकर की साहसिक सूझ-बूझ और बौद्धिक चातुर्य को बड़ा अच्छा प्रचार दे दिया था। जिससे वे उस समय अन्तर्राष्ट्रीय स्तर पर चर्चा के केन्द्र में आ गये थे, और भारत का क्रान्तिकारी स्वातन्त्र्य समर अन्तर्राष्ट्रीय स्तर पर लोगों का ध्यान अपनी ओर आकर्षित करने में भी सफल रहा था। इतना ही नहीं ब्रिटेन के भीतर भी कुछ लोगों ने सावरकर को फ्रांस सरकार को देने की मांग उठाई। उसी समय कोपेनहेगन में **'अन्तर्राष्ट्रीय समाजवादी सम्मेलन'** 6 सितम्बर से आरम्भ हुआ था, जिसमें ब्रिटेन की संसद के सदस्य केर हार्डी ने भी सावरकर को फ्रांस को सौंपने की मांग बड़ी प्रबलता से उठाई। कई ब्रिटिश समाचार पत्रों ने भी अपने सांसद के सुर में सुर मिलाया।

अन्त में 25 अक्टूबर को ब्रिटेन और फ्रांस के विदेश सचिव इस बात पर सहमत हुए कि हेग में एक पंच परिषद् द्वारा यह निर्णय किया जाये कि **सावरकर को 'अन्तर्राष्ट्रीय शरण सिद्धान्त' के अनुसार ब्रिटेन सरकार फ्रांस सरकार को वापस करे या नहीं?"**

24 फरवरी 1911 को इस पंच परिषद ने अपने नाटक का पटाक्षेप करते हुए निर्णय दे दिया कि **"सावरकर को फ्रांस को देने की कोई आवश्यकता नहीं है।"** इस निर्णय की अन्तर्राष्ट्रीय सतर पर समीक्षकों ने कड़ी भर्त्सना की थी और इसे पूर्णतः पक्षपाती निर्णय बताया था। इंग्लैण्ड के **'मोर्निंग पोस्ट', 'डेली न्यूज';** और जर्मनी के **'पोस्ट'** जैसे समाचार पत्रों ने इस निर्णय को **'राजनीतिक शरण के अधिकार पर आघात करने वाला'** बताया। फ्रांस और ब्रिटेन की सरकारों को भी इस निर्णय से आलोचना का शिकार बनना पड़ा था। फ्रांस में तो इस निर्णय के विरोध में लोगों ने अपने प्रधानमंत्री ब्रियाण्ड के

विरूद्ध जनान्दोलन ही चला दिया था और वह आन्दोलन इतना प्रभावी रहा था कि ब्रियाण्ड को अपने पद से त्याग पत्र देना पड़ गया था। **वीर सावरकर ने इस प्रकार एक सरकार की बलि लेकर अपनी बौद्धिक क्षमताओं का विश्व को लोहा मनवा दिया था। उनकी इतनी लोकप्रियता को देखकर ही ब्रिटिश सरकार ने चाहे उन्हें यातनाएं कितनी भी दी हों, पर वह उन्हें मारने का साहस नहीं कर पायी थी।**

भारत में लाकर सावरकर जी को यर्वदा जेल में बन्द किया गया। अब उन पर यहां भी मुकदमा चलाने का नाटक प्रारम्भ किया गया। जोसेफ बे पतिस्ता को सावरकर का पक्ष रखने के लिए श्याम जी कृष्ण वर्मा और मैडम कामा ने अधिवक्ता नियुक्त किया। उनके साथ-साथ श्री रंगेनकर, श्री चितरे तथा श्री गोविन्दराव गाडगिल ने भी अपनी सेवाएं एक अधिवक्ता के रूप में श्री सावरकर को प्रदान कीं। न्यायालय में मुख्य न्यायाधीश सर बेसिल स्काट, सर एन. जी. चन्द्रावरकर तथा न्यायाधीश हीटन सम्मिलित थे। सावरकर पर दो अभियोग लगाये गये। पहला था कि उन्होंने 36 व्यक्तियों के साथ मिलकर ब्रिटिश सम्राट के विरूद्ध षड्यन्त्र रचा, तथा दूसरा था कि उन्होंने नासिक के कलैक्टर जैक्सन की हत्या की प्रेरणा दी। 6 अक्टूबर 1910 से इस मुकद्दमें की सुनवाई का नाटक आरम्भ हुआ।

मुकद्दमे के विचारण काल में सरकारी गवाहों और मुखबिरों से यह सिद्ध कराने का प्रयास कराया गया कि भारत में जितनी भर भी सरकारी अधिकारियों की हत्यायें हुईं और जितनी भर भी सशस्त्र गतिविधियां चल रही हैं, उन सबके लिए सावरकर ही उत्तरदायी हैं, क्योंकि उन सब के स्रोत सूत्र उन्हीं से जुड़े हैं। सावरकर के वकीलों ने हर आरोप का बड़ी विद्वत्ता से उत्तर दिया। **सावरकर ने अपना वक्तव्य देते हुए कहा कि ब्रिटेन की अदालतें जनतांत्रिक पद्धति की हैं, इसलिए मैं उनके समक्ष उपस्थित हो सका था। पर भारत की अदालतों में जनतंत्र व न्याय नाम को भी नहीं है। अतः ऐसी अविश्वसनीय या निकम्मी अदालत के समक्ष कोई वक्तव्य देना या अपना पक्ष प्रस्तुत करना मैं व्यर्थ समझता हूं।"**

"न्याय की आशा मत करो
जहां नहीं जनतंत्र।
सरे आम फांसी करें
जहां चले 'गन' तन्त्र ॥"

....और यही हुआ। 'गनतंत्र' के भरोसे चलने वाली अदालतों ने झूठा नाटक करने के पश्चात सावरकर जी को दो आजन्म कारावास की अतार्किक सजा सुना दी। सावरकर की सारी सम्पत्ति भी जब्त कर ली गयी। 36 में से 25 अभियुक्तों को अलग-अलग अवधियों का दण्ड दिया गया। सावरकर को 50 वर्ष की कारावास की सजा सुनाई गयी। इस पर सावरकर ने कहा था कि **मुझे प्रसन्नता है कि ईसाई (ब्रिटिश) सरकार ने मुझे दो जीवनों का कारावास का दण्ड देकर पुनर्जन्म के हिन्दू सिद्धान्त को मान लिया है।"**

इसके पश्चात देश के लोगों ने बड़ी संख्या में उन्हें इस कठोर सजा से मुक्त करने के लिए सरकार को पत्र लिखे, विरोध पत्र दिये गये, पर परिणाम कुछ नहीं आना था और न आया। भारत के इस क्रान्तिकारी को अण्डमान की जेल के लिए भेजने की तैयारी कर ली गयी।

अध्याय–3

अण्डमान की जेल में

अण्डमान की जेल में
डाल दिया था शेर।
चुप हवै बैठा नहीं
देख दिनन का फेर ॥

अण्डमान की **'सैलुलर जेल'** इस देश के हर उस राष्ट्रभक्त के लिए आज भी एक तीर्थ स्थल के समान पूजनीय है जो भारत के क्रान्तिकारी आन्दोलन को इस देश की स्वतंत्रता का एक प्रमुख कारण मानता है। इसी जेल में भारत के महान क्रान्तिकारी स्वातन्त्र्य वीर सावरकर को रखा गया था। जब जेल के लिए और वह भी 50 वर्ष की अवधि वाली काले पानी की जेल के लिए व्यक्ति चलता था तो उसे यह पता होता था कि वहां परिजनों और प्रियजनों से भेंट सम्भव नहीं होगी। कोई भी व्यक्ति ऐसा नहीं होगा जो आपके प्रति सहानुभूति रखने वाला हो और आपकी किसी भी प्रकार से सहायता करने वाला हो। अंग्रेजों के कड़े कानून और उनके अधिकारियों की नादिरशाही का सामना करने के लिए व्यक्ति मन बनाकर चलता था। कई लोगों का साहस टूट जाता था और वे अंग्रेजों के सामने क्षमा याचना का पत्र भेज देते थे। पर सावरकर दूसरी मिट्टी के बने थे। उनके सामने उनकी 19 वर्षीया पत्नी उस समय आकर रोने लगी जब उन्हें काले पानी के लिए ले जाने की तैयारी की जाने लगी थी।

अपनी प्रिय पत्नी की आंखों में आंसू देखकर सावरकर उन्हें समझाते हुए बोले–**"चिन्ता न करो, यदि ईश्वर की कृपा हुई तो पुनः भेंट होगी ही। तब तक यदि सामान्य संसार का भय सताने लग जाये तो ऐसा विचार करो कि बेटे बेटियों की संख्या बढ़ाना तथा चार तिनके (लकड़ियां) जमा करके घर में बांधना ही यदि संसार कहलाता है तो ऐसा संसार तो कौव्वे चिड़िया भी बसाती रहती हैं। परन्तु यदि परिवार का महान अर्थ मानव का परिवार लेना हो तो उसे सजाने**

में तो हम पूर्ण सफल हुए हैं। माना कि अपना सुखी जीवन हमने अपने हाथों ही ध्वस्त कर लिया, किन्तु भविष्य में सहस्रों घरों में, परिवारों में सुख की वर्षा होगी। क्या तब हमें अपना बलिदान सार्थक न लगेगा?

सुखी संसार की कल्पना करने वाले अनेक लोग प्लेग के शिकार बन जाते हैं, उसका घर बेचिराग हो जाता है। विवाह मण्डप तक से पति-पत्नी को काल दबोच कर ले जाता है। अतः संकटों का सामना करना सीखो, धैर्य रखो।"

सावरकर जी के इन शब्दों में गम्भीरता थी और कर्त्तव्य पथ से न डिगने की वह भावना थी जिसे लोग अदम्य साहस के नाम से जाना करते हैं। अदम्य साहस इसलिए कि काले पानी जाने के लिए परिस्थितियां स्वयं उन्होंने ही उत्पन्न की थीं और वह काला पानी जाने को अपना सौभाग्य मान रहे थे। उनकी पत्नी ने अपने पति के वीरोचित शब्दों को सुनकर लोहे की सींखचों के भीतर हाथ दिया और पति परमेश्वर के चरण स्पर्श करते हुए बोलीं–**"आप चिन्ता न करें। मुझे क्या यह कम सुख है कि मेरा वीर पति मातृभूमि की सेवा के लिए कठोर साधना कर रहा है?"**

पति पत्नी के बीच यह संवाद डोंगरी जेल में हुआ था। डोगरी जेल में सावरकर जी से रस्सी कुटवाई जाती थी। यहां से निकालकर उन्हें भायखला जेल ले जाया गया था। भायखला जेल में भी उन्हें रस्सी कूटने का ही काम दिया गया था।

सावरकर के छोटे भाई नारायण दामोदर सावरकर भी इसी जेल में थे। उन पर लॉर्ड मिन्टो पर बम फेंकने का आरोप था। सावरकर ने अपने भाई के लिए एक पत्र लिखा और उसे वार्डर के हाथों उसके पास तक पहुंचवा दिया। उस पत्र में उन्होंने बड़े वीरता पूर्ण ढंग से छोटे भाई का उत्साहवर्धन किया था। उन्होंने लिखा था–**"तू मेरे बारे में चिन्ता मत कर, न मन को खिन्न बना। वाष्प यन्त्र को प्रेरणा देने के लिए अपने देह का ईंधन बनाकर यदि किसी को जलते रहना है तो वह स्थान हम ही क्यों न लें? जलते रहना भी तो एक कर्म है। इतना ही नहीं यह एक महत् कर्म है।"**

**"देशभक्ति के सामने
दूजा धर्म न कोय।
देशभक्ति के बिना
जन्म निरर्थक होय ॥"**

बड़ा वही होता है, जो बड़े काम करता है। छोटों को बड़े काम के लिए प्रेरित करना और उनसे बड़े काम कराना तो और भी बड़ी बात है। सावरकर इस कसौटी पर खरे उतर रहे थे। वह अपने मित्रों को ही आत्मबलिदानी बनाने की इच्छा नहीं रखते थे, अपितु विश्व के हर क्रान्तिकारी के विपरीत वह अपने परिजनों को सर्वप्रथम बलिदानी बनाने के लिए आतुर रहते थे। उन्हें इस बात पर असीम गौरवानुभूति होती थी कि वह तीन भाई थे और तीनों ही एक साथ ही देशभक्ति की भावना के कारण जेलों में पड़े हुए थे। बड़े भाई इस समय काला पानी भेजे जा चुके थे।

अब बारी थी सावरकर की। उन्हें भी एक दिन 'महाराजा' नामक जलयान से कालापानी भेज दिया गया। यहां का जेलर आयरिश था, जिस का नाम बारी था। यहां उन्हें जिस 'काल कोठरी' में रखा गया, उसके पहले दिन के अनुभव उन्होंने इस प्रकार लिखे हैं–

"जमादार मुझे लेकर सात क्रमांक की बैरक की ओर चल पड़ा। मार्ग में पानी का एक हौज मिला। जमादार ने कहा–"इसमें स्नान करो।" मैंने कई दिनों से स्नान नहीं किया था। समुद्र यात्रा से शरीर मलीन और पसीने से तर हो गया था। अतः स्नान की अनुमति मिलते ही अपूर्व आनन्द प्राप्त हुआ। मुझे एक लंगोटी दे दी गयी कि इसे पहनकर स्नान करो। लंगोटी लगाकर जैसे ही मैंने कटोरी से हौज से पानी लेना चाहा कि इसी बीच जमादार ने चिल्लाकर कहा–"ऐसा नहीं करना यह कालापानी है। जब मैं आज्ञा दूंगा कि 'लो पानी' तब तुम झुककर एक कटोरा पानी लेना। फिर मैं कहूंगा 'अंग मलो' तो उससे अंग मलना। फिर जब मैं कहूंगा "और पानी लो' तब तुम दो कटोरे पानी और लोगे। बस कुल तीन कटोरे पानी में तुम्हें स्नान करना होगा।"

गोरी सरकार का लक्ष्य किसी कैदी के साथ मानवीय आधार पर व्यवहार करना कतई नहीं था। उसने कालापानी में जिन लोगों को नौकरी दे रखी थी उन्हें भी इस बात के लिए पूरा प्रशिक्षण दिया जाता था कि उन्हें भारतीय क्रान्तिकारियों के साथ कितनी निर्दयता और क्रूरता का व्यवहार करना है? इससे वह चाहते थे कि भारतीय क्रान्तिकारी टूट जायें और टूटे हुए क्रान्तिकारी जब स्वदेश लौटें तो अपने अन्य क्रान्तिकारी साथियों को कालापानी के अत्याचारों की भयानकता की कहानी सुनाकर उन्हें इस बात के लिए प्रेरित करें कि जैसे भी हो तुम क्रान्तिकारी मार्ग को छोड़कर अंग्रेजी सरकार के गुणगान करने लगो।

सावरकर जी अपनी **'कालापानी'** की जेल के प्रथम दिन के अनुभवों पर आगे लिखते हैं–

"आदतवश जैसे ही चुल्लू भर पानी से कुल्ला किया कि खारे पानी ने जीभ का जायका बिगाड़ दिया। पूरा शरीर कसमसा गया। लगा कि इससे तो स्नान न करता तो ही अच्छा रहता। मगर फिर विचार किया कि इसकी आदत तो डालनी ही होगी। लन्दन तथा पैरिस की 'टर्किशी बारिश' का आनन्द लिया है तो 'अण्डमानीश बाथ' का भी आनन्द लेना चाहिए।

कपड़े पहनकर आगे बढ़ा। सामने देखा ईंटों से बना भव्य भवन था। उसकी ऊंची-ऊंची दीवारों में लोहे की छड़ें ठोंकी हुई थीं। सब कमरे एक साथ पंक्तिबद्ध थे। ऐसी थी वह तिमंजिली, पत्थर ईंटों से बनी भव्य बैरक। चौड़ी सीढ़ियां, सफेद रंग, तथा विशालता को देखकर मन को बड़ी प्रसन्नता हुई कि जैसे कोई बड़ा राजमहल रहने के लिए मिला हो। यदि यह मेरा स्वयं का घर होता तो मैं कितना बड़ा धनवान कहलाता?

मुझे जब यह पता चला कि अंग्रेज वर्षों तक कोठरी में अन्दर ही बन्द करके रखते हैं, बाहर नहीं निकलने देते तो मैंने मन ही मन कहा–"इस बन्दी गृह को अपना महल समझकर पांच वर्ष तक रहेंगे। काव्य रचना करेंगे।"

"साहित्य का अनुराग था
मन में लिए हिलोर।
साहित्य की उत्कृष्टता
लायेगी नई भोर ॥"

भारत का पराभव काल गहन निशा की काली चादर में लिपटा पड़ा था। उस चादर को उतार फेंकने के लिए सचमुच उच्च देशभक्ति के साहित्य सृजन की आवश्यकता थी। सावरकर ने 'काल-कोठरी' को इस कार्य के लिए सबसे उत्तम स्थान माना। महापुरूषों की विशेषता भी यही होती है कि वे जैसी परिस्थितियों और जैसे परिवेश में रहते हैं, उसी को अपने अनुकूल बना लेते हैं, या कहिए कि स्वयं को उनके अनुरूप ढाल लेते हैं। उनका कहना होता है–

"जब दर्द मेरे दिल में उतारा जायेगा
जब मर्दानगी को मेरी ललकारा जायेगा
जब ओर से मादरेवतन मुझे पुकारा जायेगा।
ऐ वतन उस वक्त भी मैं तेरे नगमें गाऊंगा।"

सावरकर जी के लिए दूसरे दिन का अनुभव कैसा रहा? इस पर वह लिखते हैं :-

"दूसरे दिन प्रातः आठ बजे पठान बार्डर दौड़ते हुए आये और बोले-"साहब आता है, खड़े रहो। मैं दरवाजे के पास आया-सलाखों से जकड़े दरवाजे के पास खड़ा हो गया। जेलर बारी अपने साथ कुछ गोरों को लिए खड़ा था। बारी ने 1857 के स्वातंत्र्य समर को 'गदर' बताकर चर्चा छेड़ दी। मैंने निर्भीकता से तर्क देकर उसे स्वातंत्र्य समर ही सिद्ध किया।"

जेलर बारी ने 1857 की क्रान्ति को 'गदर' बताने का जिक्र जानबूझकर ही छेड़ा था। वह जानता था कि सावरकर का उस पर क्या विचार है? और यह भी कि जिस कैदी के सामने तू खड़ा होकर यह प्रसंग छेड़ रहा है वह 1857 की क्रान्ति को 'गदर' न मानने के कारण ही यहां आया है। परन्तु इसके उपरान्त भी बारी ने यह प्रसंग इसलिए भी छेड़ा होगा कि सावरकर अब एक कैदी के रूप में इस पर क्या विचार रखता है? वह आश्चर्यचकित रह गया होगा जब उसने देखा होगा कि सावरकर के विषय में उसने जैसा सुना था-वे वैसे ही निर्भीक और साहसी थे। सावरकर ने बारी को अपने तर्क बाणों से निरूत्तर कर दिया था।

सावरकर कहते हैं-**"जब मैं अण्डमान पहुंचा तो उस समय इलाहाबाद के चार सम्पादक राजद्रोह के आरोप में बन्दी थे। बाद में पंजाब से सशस्त्र क्रान्तिकारियों का आगमन हुआ तो उनके लिए जेलर व बार्डरों ने नया नाम दिया-'बम्ब गोले वाले'। यदि कोई हमें 'बाबू' भी कह देता तो जेलर 'बारी' तुरन्त कहता-कौन साला बाबू है? यहां सब साले कैदी हैं।"** बारी हमें राजबन्दी (राजनीतिक कैदी) मानने को भी तैयार नहीं था। उसने हमें 'डी' (अर्थात डेंजरस) टिकट दिया हुआ था। जिसे हमें कपड़ों पर लगाना होता था।

सावरकर ने 1857 की क्रान्ति को भारत का प्रथम स्वातंत्र्य समर सिद्ध करते समय उस समय के भारत की सामाजिक परिस्थितियों का बड़ा यथार्थ चित्रण किया था। वह लिखते हैं-**"1857 की क्रान्ति ज्वाला चतुर्दिक उभर उठी थी। पुलिस ने विद्रोह किया, सिपाही भी विद्रोही बने तो सामान्य ग्रामीणों ने भी विद्रोह की पावन पताकाएं अपने हाथों में संभाल ली थीं। उस समय यदि किसी को गाली देनी होती तो उसे 'राजभक्त' और 'राजनिष्ठ' कहा जाता था। (यह विशेषण एक प्रकार से ऐसे लोगों को देश का गद्दार बताने के समान था)**

जो अंग्रेजों की नौकरी करते थे, उन्हें स्वदेश द्रोही' और स्वधर्म द्रोही कहकर ताना दिया जाता था। जो इस प्रकार के तानों को सुनकर भी सरकारी नौकरी नहीं त्यागते थे, उन्हें जाति बहिष्कृत कर दिया जाता था : उनसे रोटी बेटी का व्यवहार भी कोई नहीं करता था। ब्राह्मण उनके घरों में पूजा पाठ करने को भी तैयार नहीं होते थे, तो मरने पर उनका दाह संस्कार करने को भी कोई तैयार नहीं होता था। विदेशियों और अंग्रेजों की सेवा करना मातृ हत्या के समान घोर पापकर्म माना जाता था। इस प्रकार समाज के सभी वर्गों में क्रान्ति का अग्निपुंज दहक उठा था। सभी स्तरों पर स्वातंत्र्य भावना ने अपना पावन प्रकाश फैला दिया था। अत्याचारों और अनाचारों की पराकाष्ठा ने ही यह तीव्र प्रतिशोध का यज्ञकुण्ड दहकाया था।"

भारत की तत्कालीन सामाजिक परिस्थितियों का ऐसा सटीक वर्णन करना सचमुच सावरकर के ही वश की बात थी। हमारा अभिप्राय है कि भारत का बच्चा-बच्चा देशभक्ति की उत्कृष्ट भावना से उस समय भरा हुआ था। अतः 1857 की क्रान्ति को मुट्ठी भर लोगों का आक्रोश कहना या कुछ सैनिकों की बगावत कहना सर्वथा असत्य था। मचलते हुए देश की वास्तविकता को सावरकर की मचलती हुई लेखनी ने जब हमारे युवा क्रान्तिकारियों के गले से नीचे उतारा तो क्रान्ति की अर्द्धशताब्दी आते-आते भारत का युवा पुनः क्रान्ति के लिए मचलने लगा। ऐसे क्रान्तिकारी सावरकर को 'बारी' 'डी' का टिकट न देता तो क्या करता? उसे पता था कि यदि इस कैदी के साथ किसी प्रकार की नरमी बरती गयी तो परिणाम कुछ भी हो सकता है?

"कड़ी नजर में बिठा दिया था
देश धर्म का दीवाना।
फिर से छूट न भागे हमसे
इतिहास नहीं था दोहराना ॥"

अध्याय–4

जेल का वर्णन

अपने कारावास को लेकर सावरकर जी ने **'मेरा आजीवन कारावास'** नामक पुस्तक लिखी। उसको पढ़ने से पता चलता है कि उन जैसे देशभक्तों के साथ अंग्रेजों के अत्याचार कितने निर्दयतापूर्ण होते थे? वह लिखते है।–**"कुछ दिन तक काम भी ठीक दिया गया, अर्थात नारियल का रेशा निकालना पड़ता था, किन्तु एक महोदय कलकत्ता से आये तो देखा कि राजनीतिक कैदी आसपास बैठकर बात करते हैं।**

कभी काम करते कभी नहीं करते। तब ऊपर से लिखकर आया–'इनसे सख्ती की जाय।" तब इन लोगों को कोल्हू दिये गये, आपस में बात करने पर ही सात दिन की हथकड़ी मिलने लगी। बदला लेना था न। सख्त से सख्त काम दिये जाने लगे। जेल के डाक्टर बहुत अच्छे स्वास्थ्य वाले के अतिरिक्त किसी को यह सब काम नहीं देते थे, किन्तु इन राजनीतिक कैदियों का स्वास्थ्य खराब हो या भला, ये सब सख्त काम उन्हें दिये जाते थे। चिकित्सा शास्त्र भी इस प्रकार के साम्यवाद के हाथ का कठपुतला हो गया। लोग कोठरियों में बन्द होकर कोल्हू पेरते, थोड़ी देर के लिए रोटी लेने खुलते, इसी बीच में वह अभागा कैदी यह चेष्टा करता कि हाथ पैर धो ले या बदन पर थोड़ी धूप लगा ले, तो नम्बरदार का पारा चढ़ जाता था, वह मां बहन की सैकड़ों गालियां देता था। हाथ धोने को पानी नहीं मिलता था, पीने के पानी के लिए नम्बरदार से सैकड़ों निहोरे करने पड़ते थे। पानी वाला पानी नहीं देता था, जो कहीं से उसे एकाध चुटकी तम्बाकू की दे दे तो अच्छी बात है, नहीं तो उल्टी शिकायत होती कि ये फिजूल पानी बहाते हैं, और जेल में यह एक बड़ा जुर्म है। यदि किसी ने जमादार से शिकायत की तो वह उबल पड़ता, "दो कटोरी का हुक्म है, तुम तीन पी गया। क्या पानी तुम्हारे बाप के यहां से आयेगा?' नहाने की कल्पना करना ही अपराध था। हां वर्षा हो तो भले ही कोई नहा ले। खाने का भी यही

हाल, खाना देकर कोठरी बन्द हो गयी, कैदी खा पाया या नहीं, किन्तु बाहर से हल्ला होने लगा—बैठो मत, शाम को तेल पूरा हो, नहीं तो पीटे जाओगे, और जो सजा मिलेगी वह अलग।' ऐसे वातावरण में जाते तो कैसे? बहुत से ऐसा करते कि मुंह में कौर रख लिया, और कोल्हू में चलने लगे। सौ में एकाध ऐसे थे जो दिन भर मेहनत करने पर 30 पौण्ड तेल निकाल पाते थे, जो न निकाल पाते उन पर जमादार, नम्बरदार डण्डे बाजी करता। लात, घूंसा, जूता पड़ता। कॉलेज के छात्र तथा अध्यापक श्रेणी के राजनीतिक कैदियों को भी कोल्हू मिला तो वे बीमार हो गये। किन्तु बारी के राज्य में 102 डिग्री से कम बुखार नहीं माना जाता था। अर्थात उसे न अस्पताल भेजा जाता, न काम से छुट्टी मिलती। जिस बदकिस्मत को बुखार, दस्त या कै (उल्टी) न होकर सिर दर्द, हृदय रोग या ऐसा कोई अप्रत्यक्ष रोग होता तो उसकी तो शामत ही आ जाती।"

मानवाधिकारों की दिशा में ठोस काम करने के लिए अंग्रेजों को और यूरोपियन लोगों की जो भारतीय प्रशस्ति करते नहीं थकते उन्हें तनिक अंग्रेजों द्वारा हमारे क्रान्तिकारियों पर किये गये इन अत्याचारों को फिल्मांकन के माध्यम से दिखाया जाना चाहिए। उनकी आंखें खुल जायेंगी और पता चल जायेगा कि अंग्रेजों से अधिक क्रूर जाति इस भूमण्डल पर दूसरी नहीं है? विश्व में मानवाधिकारों के हनन का सबसे बड़ा प्रमाण उपनिवेशवादी व्यवस्था रही है और उस व्यवस्था का 'बेताजबादशाह' ब्रिटेन रहा है। फिर भी जो लोग ब्रिटेन को मानवाधिकारवादी मानते हैं तो उनके विषय में यही कहा जायेगा कि वे निरे मूर्ख हैं।

इसी प्रकार अंग्रेज भाषण और अभिव्यक्ति की स्वतंत्रता के भी पक्षधर नहीं रहे। यदि ऐसा होता तो सावरकर की 1857 की क्रान्ति सम्बन्धी पुस्तक को वह जब्त ना करते। इसी प्रकार हमारे अन्य क्रान्तिकारियों ने भी अपने देश की स्वतंत्रता के लिए जितने भी लेख लिखे या पुस्तकें लिखीं, उनके साथ भी वही व्यवहार किया गया जो सावरकर जी के साथ किया गया था। इतना ही नहीं, यदि किसी ब्रिटिश बुद्धिजीवी ने, पत्रकार या लेखक ने भी भारत के क्रान्तिकारी आन्दोलन का समर्थन किया या उसके पक्ष में कुछ लिखा तो उसके साथ भी अंग्रेजों ने क्रूरता का ही व्यवहार किया।

इसके उपरान्त भी क्रान्तिवीर सावरकर और उन जैसे उनके साथियों का साहस अभिनन्दनीय है, जिन्होंने हर स्थिति में ब्रिटिश सत्ता की क्रूरता का

सामना किया और महाराणा प्रताप, बन्दाबैरागी, गुरू गोविन्द सिंह और शिवाजी की महान क्रान्तिकारी परम्परा की पताका को कभी झुकने नहीं दिया।

जिस दानव को तुम मानव मानो
वह क्रूर निरा अभिमानी था।
मानवता का सन्तापक था वह
अत्याचारी निर्दयी अज्ञानी था ॥

सावरकर जी आगे लिखते हैं–

"राजनीतिक कैदी कोल्हू चलाते-चलाते थक जाते, उनके सिर में दर्द होता, वे सिर थाम कर बैठ जाते। जमादार कहता–"क्या है, कोल्हू चलाओ।" राजनीतिक कैदी कहते–सिर में दर्द है। जमादार कहता–"मैं क्या करूं, कोल्हू पीसो, डाक्टर को दिखाओ।' डॉक्टर आता, किन्तु क्या करता, थर्मामीटर लगाता, पर बुखार नहीं। वह हिन्दुस्तानी था, मि. बारी से डरता था, वह बगलें झांकने लगता। उधर बारी साहब फरमाते–'देखो डाक्टर तुम हिन्दू हो, यह पॉलिटीकल कैदी भी हिन्दू हैं। इनकी मीठी बातों से कहीं तुम खटाई में न पड़ जाओ, यह हमें डर है। कोई जाकर शिकायत कर दे कि तुम इससे बोलते बतलाते हो, तो तुम्हें लेने के देने पड़ जायेंगे। इसलिए संभल जाओ, समझे? नौकरी करो। माना कि तुम डाक्टरी पढ़े हो, किन्तु हम भी गुणी हैं।

कौन सच्चा बीमार है, कौन झूठा मैं फौरन ताड़ लेता हूं?

एक बार ऐसा हुआ कि गणेशपन्त (मेरे अग्रज) के सिर में जोर का दर्द उठा। डाक्टर ने उन्हें अपने आदेश से कोठरी से निकलवाया और कहा–'उसे अस्पताल भेजो।' वे चले गये। कैदी को भेजने में जो लिखा पढ़ी होती है, वह भी हो चुकी और गणेशपन्त मय बिस्तरा के जाने लगे। इतने में बारी साहब आ गये। उन्होंने गणेशपन्त को अस्पताल जाते देखा तो जो भी सामने आया उसी पर बिगड़ने लगे–"मुझसे क्यों नहीं पूछा?" वह डाक्टर कौन होता है? साले ले जाओ इसको वापस, काम में लगाओ। मैं समझा लूंगा डाक्टर को, मुझसे बिना पूछे इसे कोठरी से क्यों निकाला? उफ साले! मैं जेलर हूं, कि वह डाक्टर? गणेश पन्त आखिर तक अस्पताल न जा सके। वह सारी तकलीफ विशेषतः राजनीतिक कैदियों के लिए थी।"

"नादिरशाही देखकर मन में हो विक्षोभ।
जो लोकतंत्र के देवता आता उन पर क्रोध ॥"

अंग्रेजों ने स्वयं को विश्व के लिए लोकतंत्र के देवता के रूप में ही प्रतिष्ठित और प्रचारित करने का प्रयास किया है। पर वह कितने लोकतांत्रिक थे और कितना लोकतांत्रिक मानवीय मूल्यों में उनका विश्वास था—उसे स्पष्ट करने के लिए सावरकर जी का यह बयान पर्याप्त है। माना जा सकता है कि प्रत्येक प्रकार की राजशाही में अपने विरोधियों के साथ सत्ता ऐसा ही करती है, परन्तु इसे आप भारत की राजशाही पर लागू नहीं कर सकते। यहां तो राजा को दो बातें अवश्य सिखायी जाती रही हैं—एक तो यह कि राजा को लोकमंगलकारी नीतियों के माध्यम से और लोकतंत्रात्मक ढंग से कल्याण कारी राज्य की स्थापना करनी चाहिए, और दूसरी यह कि किसी भी देश की जनता के मौलिक अधिकारों और इसकी सम्प्रभुता का हनन राजा को नहीं करना चाहिए। यह इसलिए भी आवश्यक है कि यदि आप किसी के मौलिक अधिकारों और सम्प्रभुता का हनन करोगे तो उस देश में क्रान्ति की बयार अवश्य बहेगी और उस बयार को आप रोकने के लिए प्रयास करोगे तब आपके ये प्रयास आपको अलोकतांत्रिक सिद्ध कराने में सहायक होंगे।

बात स्पष्ट है कि भारत का राजनीतिक सिद्धान्त ही न्याय और नीति के कहीं अधिक निकट है। सावरकर इसी सिद्धान्त को लेकर उठे थे, जिसे वह ब्रिटेन को भी पढ़ा देना चाहते थे। इस प्रकार सावरकर और उनके साथियों का क्रान्ति के माध्यम से सारे संसार को केवल एक ही सन्देश था कि अन्याय और शोषण का खेल सम्पूर्ण भूमण्डल से ही समाप्त होना चाहिए। उनके क्रान्तिकारी संगठन की इस लोकमंगलकारी भावना और कामना के कारण उन्हें ब्रिटेन की भूमि पर ही कई ब्रिटिश विद्वानों का समर्थन मिल रहा था। पाठक स्पष्ट मान्यता बनाएं कि सावरकर जी और उनके साथियों को जिन ब्रिटिश विद्वानों का साथ और समर्थन मिल रहा था वह इसलिए नहीं मिल रहा था कि वे एक लोकतांत्रिक देश के निवासी थे और वे लोकतंत्र को विकसित और बलशाली होता देखना चाहते थे। इसके विपरीत यह साथ और समर्थन इसलिए मिल रहा था कि वे यह भली प्रकार समझ गये थे कि उनका देश लोकतांत्रिक होने का तो नाटक करता है, वास्तव में तो वह अलोकतांत्रिक है।

लोकतंत्र के नाम पर ठोक तंत्र के गीत।
निर्भयता के नाम पर लोग हुए भयभीत॥

सावरकर जी आगे लिखते है।—**"अण्डमान में अन्न वस्त्र की तकलीफ,**

मारपीट, गाली यह जब असुविधा तो थी ही, किन्तु एक और भयंकर तकलीफ थी, जिसको कहते संकोच होता है। वह था मलमूत्र पर भी रोक-टोक। सवेरे शाम और दोपहर के अतिरिक्त टट्टी पेशाब भी नहीं कर सकते थे। रात को टट्टी फिरो तो सवेरे भंगी शिकायत करे, और पेशी की नौबत आये। खड़ी हथकड़ी हो गयी तो आठ घंटे बंधे खड़े रहो। सब कैदियों के साथ वही एक ही व्यवहार। दूसरे कैदी तो ऐसा कर लेते थे कि चोरी से दीवार पर पेशाब कर लिया करते थे या खड़े-खड़े जमादार की आंख बचाकर सबके सामने ही पेशाब करने लगते। किन्तु राजनीतिक कैदी ऐसा कैसे करते, इसलिए वे हर तरह से घाटे और तकलीफ में रहते।"

जेल में उन दिनों क्रान्तिकारी या राजनीतिक कैदियों की भरमार रहती थी। अंग्रेज सरकार भारत के नौजवानों से भयभीत रहती थी और वह ये भली प्रकार जानती थी कि भारत का नौजवान यदि जाग गया तो वह थोक के भाव अंग्रेजों को काटेगा। दूसरे उसे यह भी भय था कि अंग्रेजों को भारत से मार भगाने के लिए सावरकर और उनके साथियों ने विदेशों से बड़ी संख्या में शस्त्र की आपूर्ति कर दी है। पता नहीं, किसी गलत समय पर ये शस्त्र कितने अंग्रेजों का विनाश कर दें? ऐसे में जिस भारतीय नवयुवक में भी अंग्रेजों को क्रान्ति का कीटाणु दिखायी पड़ता था, वे उसे ही उठाकर जेल में ठूंस देते थे।

ऐसे ही एक क्रान्तिकारी बंगाल के एक तरूण-ज्योतिषचन्द्र पाल थे। इन्हें जब जेल में लाकर डाला गया तो सिपाही उन्हें कोठरी में भोजन परोसकर जाने लगे। परन्तु उस कोठरी में पहले से ही एक शौच का बर्तन रखा था। जिससे कोठरी में दुर्गन्ध हो रही थी। बाहर निकलते सिपाही से ज्योतिष बाबू बोले—**"कोठरी में शौच का जो बर्तन रखा है, पहले उसे बाहर निकालो, तब मैं खाना अन्दर लूंगा।"** सिपाहियों ने उसकी एक न सुनी और वे उसे बलात् कोठरी में बन्द करके चले गये। शौच का बर्तन रात भर यूं ही रखा रहा। ज्योतिष को रात भर बड़ी पीड़ा का सामना करना पड़ा। ज्योतिष बाबू ने खाना फेंक दिया और अनशन आरम्भ कर दिया। उन्हें खूनी पेचिश हो गयी। सभी क्रान्तिकारी साथियो ने उससे भोजन ग्रहण करने का अनुरोध किया। अन्त में सावरकर ने भी उससे भोजन करने का अनुरोध किया। परन्तु उन्होंने अन्न ग्रहण करना आरम्भ नहीं किया। अन्त में ज्योतिष को पागल घोषित कर पागलखाने में रखा गया। वहां एक वर्ष तक रखने के उपरान्त उसे बंगाल की

जेल में भेज दिया गया। एक दिन किसी समाचार पत्र के एक कोने में चार पंक्तियों की एक छोटी सी खबर छपी कि–**“बंगाल के तरूणविप्लवी ज्योतिष चन्द्रपाल का निधन। बहरामपुर के पागलखाने के अस्पताल में प्राणान्त।** मरते समय उसका पागलपन कुछ कम हो गया था, उसने अपने मित्र व संबंधियों को एक पत्र लिखा था–**“यह मत समझो कि मृत्यु के पश्चात मेरी आत्मा स्वर्ग में खर्राटे लेती रहेगी। यदि मातृभूमि के प्रति मेरी भक्ति स्वयंभू होगी तो मैं पुनर्जन्म लेकर शीघ्र ही उसकी सेवा में लौटूंगा।”**

किसी कवि ने क्या सुन्दर कहा है–

इन्हीं बिगड़े दिमागों में भरे अमृत के लच्छे हैं।
हमें पागल ही रहने दो हम पागल ही अच्छे हैं॥

‘पागल’ होकर भी देशभक्ति की इतनी उत्कृष्ट भावनाएं सचमुच भारत के ही किसी ‘पागल’ क्रान्तिकारी में मिल सकती है। सावरकर जी लिखते हैं–

“पगले ज्योतिष! जो लोग कहते हैं कि तुम्हारा पागलपन कुछ सीमा तक सुधर गया था, वे लोग भ्रम में हैं, क्योंकि मृत्यु के क्षणों में लिये गये तुम्हारे उस पत्र को देखकर यह कहना पड़ता है कि देश की स्वतंत्रता के लिए लाज अथवा पागलपन का जो चिर भाव तुम्हें क्रान्तिकारी बना बैठा था, मरते-मरते भी तुम उससे बाज नहीं आये।”

यज्ञोपवीत की रक्षार्थ दे दिया बलिदान

भारत के वैदिक धर्म में यज्ञोपवीत का बड़ा महत्वपूर्ण स्थान है। यज्ञोपवीत वैदिक धर्म का मंगल सूत्र है। इसके द्वारा हर पग पर हमें वैदिक धर्म की पवित्रता का बोध होता है। इसके तीन सूत्र हमें देश, धर्म, और जाति के लिए मर मिटने की शिक्षा देते हैं। यही कारण रहा है कि जब से विदेशी आक्रमण भारत पर होने आरम्भ हुए तब से यज्ञोपवीत की रक्षार्थ बलिदान देने वालों की झड़ी लग गयी थी। कई मुस्लिम बादशाह तो ऐसे हुए कि जिन्होंने भारत के लोगों के यज्ञोपवीत उतरवाने को अपनी दिनचर्या का एक अंग ही बना लिया था। क्योंकि उन्हें हिन्दुओं के यज्ञोपवीत उतरवाने में एक अलौकिक आनन्द की अनुभूति होती थी।

सावरकर जी के साथ एक रामरक्खा नाम का क्रान्तिकारी था। जो कि पंजाब से था। उसने चीन, जापान जैसे देशों में रहते हुए क्रान्तिकारी दल की

सदस्यता ग्रहण की थी। फलस्वरूप एक दिन जेल (और वह भी काला पानी की) की हवा खानी पड़ गयी। जेल में जनेऊ या यज्ञोपवीत उतरवा लिया जाता हैं, यह बात रामरक्खा को उपयुक्त सी नहीं लगी। उसने अंग्रेजों की जेल के इस नियम के विरूद्ध अनशन आरम्भ कर दिया। उसकी हठ थी कि जब तक उसे उसका यज्ञोपवीत न दे दिया जायेगा तब तक वह भोजन नहीं करेगा। उसे अपने अनशन के 5 दिन व्यतीत हो गये। तब उसे नाक में नली डालकर कुछ भोजन उसके पेट में पहुंचाया गया। उसके अनशन को अब 15 दिन हो गये थे। वह अत्यन्त दुर्बल हो गया था। उसकी छाती में भयंकर पीड़ा हो गयी, उसे यक्ष्मा ने जकड़ लिया और उसके साथियों ने उससे अनुरोध किया कि वह भोजन ग्रहण कर ले। पर देशभक्ति का जुनून और सिद्धान्तों के प्रति गहन निष्ठा उसके सामने आ खड़ी होती और वह 'न' मानने पर हठ कर बैठता। सावरकर जी लिखते हैं कि–**"दो महीने तक उसने भयंकर यन्त्रणाएं झेलीं और भोगीं। अन्ततः वह क्रान्तिकारी ब्राह्मण बलिवेदी पर चढ़ गया। चला गया रामरक्खा। किन्तु यह सनसनीखेज शोक संवाद भारतीय अखबारों तक पहुंच गया था। बात दबाई नहीं जा सकी और अन्ततः सरकार को यह आदेश, करना पड़ा कि अण्डमान में ब्राह्मणों के जनेऊ नहीं उतारे जायेंगे। यही नहीं सभी धर्मों के अनुयायियों को अपने धर्म चिहून जेल में अपने पास रखने की स्वीकृति भी मिल गयी। इसके बाद भी क्रान्तिकारी कैदियों के शरीर छीजते गये। हाड़-तोड़ परिश्रम और परिश्रम ही उसका कारण था।"**

किसी सिद्धान्त के लिए पूर्ण मनोयोग से समर्पित हो जाना और समय आने पर उसी के लिए प्राण न्यौछावर कर देना यही तो हुतात्मा हो जाना है। रामरक्खा ने वैदिक आर्य धर्म के मंगलसूत्र की रक्षार्थ अपने प्राण न्यौछावर कर यही सिद्ध किया कि वह सिद्धान्तों के लिए जीता था और उन्हीं के लिए मरा भी। उसके जीवन की महानता तब सिद्ध हो गयी जब उसके सिद्धान्त का लोहा ब्रिटिश क्रूर सत्ताधीशों ने भी स्वीकार कर लिया और कैदियों के लिए जनेऊ स्थायी व अनिवार्य रूप से पहनने की छूट दे दी। एक सिद्धान्त के लिए एक क्रान्तिकारी ने अपने प्राण गंवा दिये तो क्या हुआ, बड़ी बात ये थी कि उसके प्राण गंवा देने से हमारे राष्ट्रीय मंगल सूत्र की रक्षा हो गयी।

**"प्राण गये तो कुछ नहीं
बचा रहा निज धर्म।**

राष्ट्रभक्त तजते नहीं
संकट में सत्कर्म ॥"

वीर देशभक्त परमानन्द

सावरकर जी के साथ एक क्रान्तिकारी युवा झांसी के भी थे–जिनका नाम परमानन्द था। यह युवा क्रान्तिकारी बहुत ही तेजस्वी और वीर था। उन्हें एक बार जेलर 'बारी' ने किसी से बात करते देख लिया तो आवेश में आकर बोला कि **"ऐ! सीधे खड़े होकर बोलो।"** परमानन्द ने बारी की ओर ध्यान नहीं दिया तो बारी ने उन्हें दो चार गालियां भी सुना दीं। पर यह क्या जैसे ही बारी ने गालियां दीं, परमानन्द ने तुरंत बारी के मुंह पर दो थप्पड़ जड़ दिये।

इस पर बारी वहां से 'पकड़ो-मारो' कहता हुआ भाग लिया। अन्य दो बार्डरों ने परमानन्द को पकड़ बुरी तरह मारना आरम्भ कर दिया। उन्हें इतना मारा गया कि उनके होंठ फट गये और रक्त बहने लगा। फिर भी परमानन्द को वे लोग डंडों आदि से मारते रहे। जेल पर्यवेक्षक दौड़ता हुआ आया उसने परमानन्द को बेंतों से पिटवाया। परमानन्द को इतना पीटा गया कि उसकी मांस-पेशियां तक छिल गयीं। पर उस शेर ने एक बार भी 'आह' शब्द नहीं बोला। भारत माता के इस वीर पुत्र को मारते-मारते बेदम कर दिया गया। तब नाममात्र के लिए मरहम पट्टी कर उसी के कमरे में डाल दिया गया।

सावरकर जी लिखते हैं–**"बेंत से न राजबन्दियों को दुःख था न परमानन्द को। परमानन्द ने बारी को पाठ पढ़ाया था। परमानन्द के इस कृत्य से जेल ही नहीं, पूरे अण्डमान भर में राजबन्दियों का आतंक सा छा गया। इस लाभ को देखते हुए परमानन्द को जो सजा मिली थी–वह नगण्य थी, इसलिए परमानन्द आनन्दित था। बन्दी ने जेलर पर हाथ उठाया था, अधिकारियों ने बन्दी को सजा दे दी। कारागृह के नियमानुसार दोनों बातें परस्पर निपट चुकी थीं, परन्तु बारी ने जो गालियां दी थीं, उसके प्रतिकारार्थ वहां कुछ लोगों ने हड़ताल कर दी। पर्यवेक्षक तथा बारी अपनी-अपनी ओर से सबको समझाते फिरते रहे। पर्यवेक्षक ने सबको समझा दिया कि–"अब उसने सब जेल कर्मचारियों को डांट दिया है, साथ ही यह भी अभिवचन दे दिया कि उसने बारी को मना कर दिया है कि किसी राजबन्दी को कभी गाली मत दे। भविष्य में ऐसा कभी नहीं होगा। तुम लोग काम आरम्भ करो। जो कुछ बने, उतना ही**

करो, परन्तु करो।" इतना अभिवचन मिलने से सबने अपना अपना काम आरम्भ कर दिया।"

इसके पश्चात राजबन्दियों के साथ होने वाले अत्याचारों में कमी आयी। हमारे क्रान्तिकारियों के लिए देश की राजनीतिक परिस्थितियां तो ऐसी थीं हीं कि जिनमें उन्हें काम करना कठिन था और हर स्थान पर बारूद से खेलना उनके लिए अनिवार्य हो गया था, साथ ही देश की जेलें भी उनके लिए चैन से रहने या बैठने का स्थान नहीं थीं, वहां भी उन्हें बारूद से खेलना पड़ता था और बारूद के ऊपर सोकर ही आराम करना पड़ता था। सचमुच यह बहुत कष्टकर स्थिति थी। जिसे हमारे क्रान्तिकारियों ने अपनी दिनचर्या का एक आवश्यक अंग बना लिया था।

भारत सरकार को अवगत कराया गया

कहा जाता है कि अति के पश्चात अन्त होता है। इसे हमारे नीतिकारों ने **अति सर्वत्र वर्जयेत्** कहकर भी अभिहित किया है। हमारे क्रान्तिकारियों पर अण्डमान की जेल में जितने अमानवीय अत्याचार किये जा रहे थे वे सब तत्कालीन परिस्थितियों में भी जेल नियमावलियों के विरूद्ध थे। ऐसे में जेलर या उसके अन्य छोटे बड़े अधिकारी या कर्मचारी जो भी कह दें या बोल दें, वही कानून हो जाता था। यद्यपि ये अधिकारी और कर्मचारी अपने अंग्रेज शासकों से शासित-अनुशासित होते थे—जो स्वयं भी क्रूरता की सीमाओं को लांघने के अभ्यस्त थे। जो जेल नियमावली उस समय बनी हुई थी उसमें जितने अंश में मानवतावाद था वह अन्तर्राष्ट्रीय नियमों के कारण था या कहिए कि ब्रिटिश सरकार को अन्तर्राष्ट्रीय जगत में अपनी साख ठीक बनाये रखने के लिए जेल नियमों में कुछ उदारता लानी पड़ी थी। वैसे अण्डमान में जाकर जेल बनाने का अंग्रेजों का उद्देश्य एक यह भी था कि वहां कैदी के साथ जैसे निपटा जाये वैसे निपटा जा सकता है। क्योंकि वहां देखने या जेल का निरीक्षण करने जाने वाला कोई नहीं है। कहने का अभिप्राय है कि जेल नियमावली और जेल के अधिकारियों के कैदियों के साथ होने वाले व्यवहार में अंग्रेज शासकों व जेल अधिकारियों की मिलीभगत थी। फिर भी राजनैतिक कैदियों ने जेल में उनके साथ होने वाले व्यवहार को सरकार के संज्ञान में लाने का निर्णय लिया।

सावरकर जी कहते हैं—**"अण्डमान में क्रान्तिकारियों पर जो अत्याचार**

हुए उसका कच्चा चिट्ठा भारत सरकार को पहुंचाने पर विचार किया गया। जीवित रहने का कोई और रास्ता शेष नहीं बचा था। प्रश्न यह था कि बिल्ली के गले में घण्टी कौन बांधे? एक क्रान्तिकारी कैदी थे होती लाल वर्मा। वे इलाहाबाद में सम्पादक थे। उसमें उनके एक सम्पादकीय को राजद्रोहात्मक मानकर दण्डनीय ठहराया गया था। आखिर किसी से कुछ कागज जुटाकर होती बाबू ने एक पत्र लिख ही डाला।....उन्होंने उस पर न केवल अपने हस्ताक्षर किये अपितु उस पर अपनी अंधेरी कोठरी का नम्बर तक लिखना न भूले। उन्होंने इस पत्र में क्रान्तिकारियों पर होने वाले सभी अत्याचारों का भण्डा फोड़ा था। एक सवेरे यह पत्र किसी के हाथ उस समय बाहर भेज दिया गया। जब कैदी काम नके लिए बाहर ले जाये जाते हैं। ऐसे समय में खूब आपाधापी और कोलाहल मचता है।

बाद में यह पत्र किसी सरकारी किन्तु विश्वासपात्र अधिकारी के द्वारा गुप्त रूप से कलकत्ता पहुंचा तथा वहां एक सम्पादक के हाथ लग गया। वे निर्भीक पत्रकार थे श्री सुरेन्द्र नाथ। उन्होंने इस पत्र को अपने बंगला समाचार पत्र में निर्भीकता से छापा जबकि उस समय बड़े-बड़े लोग क्रान्तिकारी का नाम लेते ही कांप उठते थे। सुरेन्द्र नाथ ने इस पर एक सम्पादकीय भी लिखा। उस अखबार का हवाला देकर कई और समाचार पत्रों ने भी होतीलाल का पत्र प्रकाशित किया। विधानसभा में भी उस पर गर्म चर्चा हुई।

इसके पश्चात् इस पत्र के हिन्दुस्तान पहुंचने और वहां इसके कारण मच रहे घमासान की जानकारी बारी को हो गयी। वह इस पर भयभीत हो उठा था। गुस्से से पगला गया था और सभी राजबन्दियों को जो भी सामने आता—गाली देने लगता। उसने होती बाबू पर भी अपना क्रोध प्रकट किया। पर जब उसका क्रोध शान्त हो गया तो उसने क्रान्तिकारी होती बाबू से लगभग क्षमा सी मांगते हुए—"हम क्या कर सकते हैं? हिन्दुस्तान सरकार के हुक्म से सब कुछ होता है।" वह सावरकर जी के पास गया तो कहने लगा—**"देखो सावरकर, तुम्हारे इस पगले होती बाबू ने बेचारे बंगला समाचार पत्र को बन्द करा के उसका गला घोंट दिया है। पूरा-छापाखाना ही बन्द हो गया है।"** सावरकर जी ने भी उससे कह दिया कि—**"ऐसे एक नहीं अनेकों छापेखाने भी जब्त कराने पड़ें तो चिन्ता नहीं।"** इस प्रकार होती बाबू की आवाज को एक सम्पादक ने जिस प्रकार पंख लगाये, उसने सभी की नींद हराम कर दी। चारों

ओर वह पत्र चर्चा का विषय बन गया और उसका अन्तिम परिणाम यह निकला कि बारी के दुष्टतापूर्ण व्यवहार में भारी परिवर्तन आ गया। हमारे क्रान्तिकारी भी यही चाहते थे।

मंजिल मिल ही जाती है
जब आगे अपना कदम बढ़े।
दुनिया गाती गीत उन्हीं के
जो आगे अटल-अभय बढ़े ॥

क्रान्तिवीर श्री शान्तिभानु लहरी ने अण्डमान के अपने संस्मरणों में सावरकर जी के कष्टमय जीवन पर प्रकाश डालते हुए लिखा है–

"एक दिन मैंने टहलते-टहलते आगे जाकर देखा कि लोहे का आड़ा डंडा पैरों में पड़ा है। दोनों हाथ फैले हुए हैं, तथा हथकड़ियों से बंधे हुए हैं। जिन्हें वह किसी भी भांति मोड़ नहीं सकते एक अधिकारी पहरे पर खड़ा है। जो किसी को भी उनसे बात नहीं करने दे रहा है। मैंने वहां के एक पुराने बन्दी से प्रश्न किया–'यह कौन है?' बन्दी ने उत्तर दिया–"आप नहीं जानते इन्हें, यह सावरकर बाबू हैं। इन्हें इसी भांति खड़े-खड़े कई दिन व्यतीत हो गये। सावरकर बाबू यह कष्ट दूसरों के लिए सहन कर रहे हैं। सावरकर को यह कष्ट पाते देखकर मेरी आंखों से अश्रुकण छलक पड़े।"

मातृभूमि के लिए अपना सर्वस्व होम करने का संकल्प लेकर चलना बड़ी कठिन साधना होती है पर उससे भी बड़ी साधना सर्वस्व होम करने में आपके संकल्प की परीक्षा में उत्तीर्ण होना होता है। राष्ट्र को अपना सब कुछ दे दिया। यह तो सरल है। पर मातृभूमि उसे आप से लेगी कैसे? यह तो आप की परीक्षा ही निश्चित करेगी। वह लेने का ढंग ऐसा भी निश्चित कर सकती है–जैसे वह सावरकर से ले रही थी। मातृभूमि के हमसे कुछ लेने के ऐसे ढंग को देखकर बहुत से लोग मैदान छोड़ कर भाग जायेंगे। पर 'सिकन्दर' (सावरकर) तो वही बनेगा जो परीक्षा के इस ढंग में भी उत्तीर्ण हो। यही कारण था कि सावरकर शान्त मन से सारे अत्याचारों को सहते, झेलते और उनके भीतर की चेतना उन्हें और भी अधिक संघर्षशील बने रहने की प्रेरणा देकर चली जाती। वह संघर्ष में भी सहर्ष रहने की साधना कर रहे थे और उस सहर्षता की अवस्था को अपनी आत्मा को आनन्दित करने में व्यय कर रहे थे। जिससे उनकी आत्मा आलोकित होती, बलवती होती और वे आत्मबल से भर

उठते। संघर्ष में यह आत्मबल नाम की चीज बड़ा सहयोग करती है। यदि किसी से यह खो जाये, तो संघर्ष में पराजय निश्चित है। विश्व के जितने भर भी महापुरूष हुए हैं, उन्हेंाने संघर्ष में आत्मबल प्राप्त किया है और आत्मबल से संघर्ष जीता है इस प्रकार आत्मबल और संघर्ष का चोली दामन का साथ है। सावरकर जी की महानता इसी में निहित थी कि वे संघर्ष से आत्मबल प्राप्त कर रहे थे और आत्मबल से अपना संघर्ष जीत रहे थे।

संघर्ष के साथी भाई परमानन्द जी

अण्डमान जेल में सावरकर जी के साथ अनेकों क्रान्तिकारी बन्द थे। इन्हीं में से देवतास्वरूप भाई परमानन्द जी भी थे। भाई परमानन्द जी सत्य, सादगी और सरलता की प्रतिमूर्ति थे, उनका वैदिक सिद्धान्तों में अटूट विश्वास था। वे जितने सरल थे उतने ही सिद्धान्तों के पक्के थे, कठोर थे। उन्हें सिद्धान्तों में पराजित करना किसी के वश की बात नहीं थी। उनकी सत्य, सादगी, सरलता और सिद्धान्तप्रियता ने सावरकर जी को हृदय से प्रभावित किया था। कदाचित यही कारण रहा कि जेल से छूटने के पश्चात उन्होंने भाई परमानन्द जी के साथ जाकर हिन्दू महासभा में कार्य करना उचित समझा था।

भाई परमानन्द जी को भी जेल में लोहे के पिंजड़ों में कई दिनों तक खड़ा रखा गया था। उन्हें ऊंचे स्थान पर हथकड़ियों से हाथ लटकाकर कई-कई घंटे खड़े रहने की अमानवीय यातनाएं भी दी गयीं। पर अंग्रेजों ने इस देवतास्वरूप व्यक्तित्व के धनी महावीर को चाहे जितनी यातनाएं दीं, उन्होंने वे सभी धैर्यपूर्वक मौन रहकर झेलीं। उन्हें जब ये यातनाएं दी जा रही थीं तो उनके साथ वीर सावरकर भी थे।

जिस समय क्रान्तिकारियों को अंग्रेज लोग ऐसी यातनाएं दे रहे थे, उसी समय हमारे कुछ क्रान्तिकारी ऐसे भी थे, जिनका मन उस नारकीय जीवन से इतना दुखी हो गया कि उन्होंने आत्महत्या तक के प्रयास किये। यद्यपि आत्महत्या को लोग कायरता कह दिया करते हैं, परन्तु यह सदा ही कायरता हो–यह नहीं कहा जा सकता। जेल की उन नारकीय परिस्थितियों में कायरता यह होती कि हमारा कोई क्रान्तिकारी विचलित होकर अंग्रेजों के लिए क्षमायाचना का पत्र लिख देता और अपने देश के साथ गद्दारी करने के लिए उद्यत हो जाता। क्रान्तिकारियों ने ऐसा न करके आत्महत्या का मार्ग इसलिए भी

अपनाना उचित समझा कि इन अंग्रेजों की जेल में पड़े रहकर यातनाएं झेलकर सड़-सड़ कर मरने से उत्तम है कि एक बार मर लिया जाये और नया जन्म पाकर इन्हें फिर समाप्त करने के लिए कार्य किया जाये। ऐसे भावों को अंग्रेजों के न्यायालयों में बयान देते समय हमारे कई क्रान्तिकारियों ने उस समय अक्सर कहा था जब उनसे पूछा गया था कि आप फांसी चाहते हैं, या फिर आजीवन कारावास। अब यदि ऐसी भावना के वशीभूत कुछ क्रान्तिकारियों ने आत्महत्या का मन बनाया तो उसे भी हमें उनका देशभक्तिपूर्ण भाव ही मानना चाहिए। इन्दुभूषण नामक एक राजबन्दी थे। जिन्होंने आत्महत्या कर ली थी। उल्लास कर दत्त ऐसे राजबन्दी थे जो कि यातनाओं को सहते-सहते पागल हो गये थे। देवतास्वरूप भाई परमानन्द जी एवम् बंग केसरी क्रान्तिवीर आशुतोष लाहिड़ी जैसे क्रान्तिकारियों ने अमानवीय जेल यातनाओं के विरोध में जेल में आमरण अनशन करके प्राण त्यागने का प्रयास किया। यद्यपि वीर सावरकर ऐसे व्यक्ति थे जिनका 'अनशन' और 'सत्याग्रह' में तनिक भी विश्वास नहीं था। वह सशस्त्र क्रान्ति के समर्थक थे और अपने सम्पर्क में आने वाले हर युवा को या क्रान्तिकारी को आजीवन इसी के लिए प्रेरित भी करते रहे। उनका भाव यह था कि–

शस्त्राग्रह उत्तम कहो
सत्याग्रह है हीन।
अनशन करके होता है
व्यक्ति कान्तिहीन ॥

उन्होंने भाई परमानन्द जी से कहा था–**"यदि कोई कार्य करना ही है तो शत्रु पक्ष की हानि अधिक हो। ऐसा कार्य करो। स्वयं भूखा रहकर प्राण त्यागने से क्या लाभ?"**

यह सावरकर जी के अपने व्यक्तित्व का ही प्रभाव था कि भाई जी ने उनकी बात को मान लिया और उन्होंने अनशन का त्याग कर दिया।

शुद्धि कार्य से धर्म सेवा

अण्डमान जेल में बन्द मुस्लिम कैदियों ने अपनी कट्टरता को वहां भी निरन्तर बनाये रखा। इसे देखकर सावरकर जी के भीतर का 'हिन्दुत्व' और भी अधिक प्रखर हो उठा। वैसे भी वे प्रारम्भ से ही इस मान्यता के थे कि भारत देश के लिए इस्लामिक आक्रमण इस देश की संस्कृति और धर्म को मिटाने का

एक सुनियोजित षड्यन्त्र पड़ा। जिसे हमारे द्वारा इसी भाव से देखना चाहिए और जो लोग देश में धर्मान्तरण के माध्यम से अपनी संख्या बढ़ाने का कार्य कर रहे हैं, उन्हें देश का और इस देश के धर्म का शत्रु मानना चाहिए। यही उनके हिन्दुत्व का मूलमंत्र था। वह मानते थे कि भारत उनका है जो भारत को अपनी पितृभूमि और पुण्यभूमि मानते हैं।

पितृभूमि जो मानता
भारत को निज देश।
पुण्यभूमि मानकर
करता दूर क्लेश ॥

जेल में शुद्धि सम्बन्धी अपने कार्य के विषय में सावरकर जी लिखते हैं–**"अण्डमान में हम हिन्दू राजबन्दियों पर पापी, मुकर्जी व चुगलखोर वार्डर जो रखे गये वे तीनों के तीनों पठानी, बालूची, मुसलमान थे। वे तीनों 'क्रूर मुसलमान वार्डर हिन्दुओं पर दबदबा जमाने की नीति रखते थे। हिन्दओं को त्रस्त करने सर्वपाप विनश्यति' का पाठ जन्म से पढ़े हुए वे कुकर्मी मुसलमान बार्डर हिन्दू राजबन्दियों को तरह-तरह से पीड़ा देते थे। अंग्रेज बारी उन पापी मुसलमानों का ही पक्ष लेता था। अतः समस्त सिन्धी मुसलमान, पठान मुसलमान, पंजाबी भुसलमान एक होकर हिन्दुओं को परेशान करते थे।"**

सावरकर जी ने देखा कि मुसलमान कैदी जेल में भी हिन्दुओं के धर्मान्तरण का खेल खेल कर **'दीनी खिदमत'** कर रहे थे। इससे उन्हें यह शिक्षा मिली कि हमें भी प्रत्युत्तर में कदम उठाने चाहिएं, अन्यथा अनर्थ हो जायेगा। फलस्वरूप सावरकर जी ने शुद्धि का कार्यारम्भ किया। वह हिन्दू समाज को किसी भी प्रकार से दुर्बल करने की किसी भी कार्य योजना के विरोधी थे और यदि कहीं से उन्हें पता चलता कि इस प्रकार से हिन्दू समाज को उत्पीड़ित करने का षड्यन्त्र चल रहा है तो वे उस षड्यन्त्र के भण्डाफोड़ के लिए सक्रिय हो उठते थे। जेल में उन्होंने मुस्लिमों की शुद्धि का कार्य भी इसीलिए चलाया था कि मुसलमान कैदी हिन्दुओं का धर्मान्तरण करने लगे थे।

'राम भरत का मिलाप'

सावरकर बन्धुओं में परस्पर घनिष्ठ प्रेम था। बड़े भाई गणेश दामोदर सावरकर जी को यह पता नहीं था कि विनायक दामोदर सावरकर भी इन दिनों

इसी अण्डमान की जेल में हैं। वह समझते थे कि वे स्वयं और छोटा भाई ही जेल में हैं। जबकि सावरकर देश सेवा के अपने महान कार्य को सकुशल पूर्ण कर रहा है। इधर विनायक (जिन्हें घर में तात्या कहा जाता था) दामोदर सावरकर यह जानते थे कि उनके ज्येष्ठ भ्राता श्री इसी जेल में हैं। पर उन्हें दुष्ट बारी मिलने नहीं दे रहा था। जिस समय सावरकर विद्याध्ययन के लिए विदेश गये थे, तभी प्रस्थान के समय ही दोनों भाइयों की भेंट हो पायी थी।

सावरकर जी ने वार्डर तथा पेटी अफसर से भाई से भेंट कराने के लिए प्रार्थना की, पर वे दोनों बारी के भय से भेंट कराने के लिए उद्यत नहीं हुए। एक दिन शाम को सावरकर अपने द्वारा पेरे गये तेल को नपवा कर अपनी कोठरी की ओर आ रहे थे। तब उनकी भेंट अचानक अपने पूज्य ज्येष्ठ भ्राता गणेश जी से हो गयी। भरत और राम दोनों जंगल में अचानक और अप्रत्याशित रूप से आमने-सामने थे। भरत प्रसन्न था कि आज अपने राम के दर्शन हो रहे हैं। परन्तु 'राम' दुःखी था, यह देखकर कि मेरा भरत भी यहां हैं तो फिर देश का कार्य कौन देख रहा है? गणेश के मुंह से तब अनायास ही निकल गया—**"तात्या! तुम यहां कैसे?"** ऐसे अपनेपन के शब्दों को सुने सावरकर जी को वर्षों बीत चुके थे। अतः इन तीनों शब्दों ने उनके मन-मस्तिष्क और आत्मा तीनों को झकझोर कर रख दिया था। कह तो कुछ नहीं सके, पर आंखों से अश्रुधारा बह चली। रक्त का सम्बन्ध और वह भी भाई-भाई का सम्बन्ध इतना ही प्यारा होता है। वहां वाणी से नहीं आंखों से ही बोला जाता है और आंखों के दो आंसू रामायण लिखवा देते हैं। राम अपने पिता दशरथ से विदा होते हैं तो पिता के दो आंसू बहते हैं, भरत ननिहाल से अयोध्या आते हैं तो सारा वृतान्त सुनकर वह भी दो आंसू बहाते हैं। फिर भाई को लौटाने वन जाते हैं, तो वहां भी प्रेम के दो आंसू, दोनों भाइयों की आंखों से बहते हैं। इन दो आंसुओं के क्रम को निकाल दो रामायण से—पता चलेगा कि रामायण ही नहीं रही।

इस 'रामभरत' मिलन के ऊपर प्रकाश डालते हुए सावरकर लिखते हैं—**"(गणेश जी कहते हैं) प्रिय तात्या! तुम बाहर रहकर मातृभूमि की स्वाधीनता के लिए कार्य करते रहोगे, ऐसी मुझे आशा थी। उस आशा के बल पर ही मैं अपने कालापानी की सजा को खुशी-खुशी से भोग रहा था। मन उन कष्टों को हेय मानता था। हम दोनों भाई तो जेलों में बन्द कर दिये गये और केवल तुम**

ही बाहर रहकर मातृभूमि की आराधना में लीन हो, यही कल्पना मुझको धीरज दिया करती, कष्ट की सफलता साकार करती। मगर तुम पेरिस में कार्य करते-करते इनके हाथों कैसे पड़ गये? अब उस क्रान्ति ज्योति को कौन जलायेगा? और 'बाल' अपना 'बाल' अब किसका मुंह ताकेगा? मैंने तुम्हें प्रत्यक्ष देखा है फिर भी विश्वास नहीं होता, हाय! आह! तुम यहां कैसे पहुंचे?"

यह पत्र गणेशजी ने एक वार्डर के माध्यम से सावरकर जी तक पहुंचाया था। इस पत्र को पढ़कर सावरकर जी बहुत रोये। उन्होंने भी भ्राता श्री को जो पत्रोत्तर दिया वह भी अति उत्तम भावों से युक्त था। उसका अंश है–

"मैं युद्ध में पीछे रहकर छिपकर जीवित रह जाऊं और अन्य आगे बढ़कर युद्ध जीतें व जीतते-जीतते मर जायें तो फिर उस जीत का उपभोग करने के लिए मैं पीछे रह जाऊं? ऐसी दुष्ट तथा जनहित विघातक कायर इच्छा मन में धारण न करते हुए वह सैनिक जब आवश्यकता पड़ी तब अन्यों के साथ-साथ मचलता सैन्य बल के अग्र भाग में जूझता रहा या नहीं? इसी पर उसकी सच्ची योग्यता व कर्त्तव्यनिष्ठा निर्भर करती है। मैं समझता हूं कि उसी कसौटी पर हम सब खरे उतरे हैं। संकटों से सामना करना, कारागृह में सड़ते रहना, जिसके लिए इतने कष्ट सहन किये उनके शाप से मरते रहना यही अब जीवन का ध्येय है। यह उतना ही महान है जितना कि बाहर रहकर कीर्ति तथा दुन्दुभियों के ताल पर जूझते रहना महान माना जाता है। क्योंकि अन्तिम विजय प्राप्ति में ज्ञात रूप से जूझते रहना तथा दुन्दुभियों की ध्वनि का निनादित होना, जितना आवश्यक माना जाता है, उतना ही कन्दराओं में, बन्दीगृहों में कराहते रहना तथा अज्ञात स्वरूप में प्राणोत्क्रमण करना आवश्यक माना जाता है।"

वह देश धन्य होता है जिसमें ऐसे महान बलिदानी और देशभक्त भ्राता जन्म लेते हों। वह जाति सौभाग्यशालिनी होती है जहां भाइयों में वर्षों के पश्चात मिलन होने पर भी परस्पर की चर्चा देशोत्थान पर केन्द्रित होकर रह जाती हैं। वह धर्म निश्चय ही महान होता है जिसके अमृत पुत्र सदा उसकी जड़ों को सींचने के लिए **'पहले मैं–पहले मैं'** कहते हुए बलि वेदी की ओर दौड़ पड़ते हों और वह समाज सदा ही समुन्नत होता है जिसकी उन्नति के लिए हर बच्चा 'दधीचि' बनने को उद्यत दिखायी देता हो। वास्तव में गणेश जी, विनायक जी और गोपालजी तीनों ही देश, धर्म, जाति और समाज के लिए संघर्ष कर रहे थे। पूरा परिवार एक संस्था बन गया था। मां भारती अपने भाग्य

पर इठला रही थी। उसका मस्तक गर्वोन्नत था। उसे पूर्ण विश्वास था कि अब तेरे बन्धन निश्चय ही कटने वाले हैं। क्योंकि यह दुर्लभ संयोग था कि जब एक ही पिता के तीन पुत्र एक साथ देश के बन्धनों को काटने के लिए जेल की हवा खा रहे थे और कठोर यातनायें झेल रहे थे।

मां भारती का सच्चा सेवक विनायक सावरकर टैगोर के लिए एक कविता लिखता है, तो उसमें भी मां भारती का उल्लेख करना नहीं भूलता।

"रवीन्द्रनाथ ठाकुर के गौरव में भारत का गौरव अनुस्यूत है। भारती माता "समरांगण" में आरूढ़ होकर राजधानी की ओर वापस लौट रही थी। उसके स्वागतार्थ कवियों का समूह आगे बढ़ा। मैं भी कवि हूं, इस विश्वास से मैं भी उस कवि समूह में सम्मिलित होने के लिए आगे बढ़ा। परन्तु माता की आज्ञा हुई कि क्रान्ति के वाक्य यन्त्र के कक्ष में काम करने वालों की कमी है, वहां जा। इस आज्ञा के कारण मुझे कवि कक्ष में सम्मिलित होने का अवसर न मिला।"

कितनी उत्तमता से, कितने धैर्य से और कितने विवेक से सावरकर जी ने अपने आपको मां भारती के साथ जोड़ा है। जहां जिस नारकीय अवस्था में कष्टपूर्ण जीवन यापन कर रहे हैं उसे भी मां भारती की इच्छा से जोड़कर देखने का यह उत्कृष्ट भाव केवल सावरकर के ही हृदय में उपज सकता था। वही इसे इतनी उत्तमता से शब्दों के मोती बनाकर धागों की माला में पिरो सकते थे, कि जिसे पहनकर माता के दरबार का (मां भारती का हर भक्त) हर भक्त झूम उठेगा और देश, धर्म व जाति के लिए बलिदान होने के लिए अपने आपको सहज रूप में ही प्रस्तुत कर देगा। अण्डमान में रहते हुए ही सावरकर जी ने 'कमला', 'गोमान्तक', तथा 'विरहोच्छ्वास' काव्यों की रचना की थी। इसी जेल की काल कोठरी से उन्होंने अंग्रेजों के लिए सन्देश दिया था–

"अनादि भी, अनन्त भी
अवध्य भी भला।
मारिल रिपु जगति असा,
कवण जन्मला॥"

अर्थात् **"मैं अनादि हूं, अनन्त हूं, अतः विश्व में कौन ऐसा शत्रु है, कि जो मुझे मार सके।"** शत्रु की जेल में घोर यातनाएं झेलते हुए भी ऐसी कविता उसी हृदय से फूटेगी जिसमें महाभारत के महानायक कृष्ण की 'गीता' का

महासागर हिलोरे मारता हो, और अपने भक्त को सदा प्राणों को हथेली पर ले चलने की शिक्षा देता हो–

मैं अनादि हूं अनन्त हूं
और मां भारती का पुत्र हूं।
मैं पथिक हूं अनन्त पथ का
और वीर पथ का इत्र हूं।
मैं जानतां हूं अपने गन्तव्य को
तभी तो गीत गाता हूं धर्म के।
मैं प्रदीप्त दीपशिखा हूं
कौन जानेगा भाव मेरे मर्म के?

सावरकर जी ने अपनी अण्डमान जेल में बजने वाली घण्टी को देखा तो उस पर भी उनके हृदय के तार झंकृत हो उठे और उन्होंने उस पर भी कविता लिख दी। जिसके भाव थे–**"ऐ सन्ध्या की घण्टी! तेरा स्वागत मैं किस प्रकार करूं? तेरी ध्वनि निश्चय ही स्वतंत्रता को हमारे और भी अधिक निकट लायेगी। तेरी आवाज तो आजादी के नारों में स्वतंत्रता का एक मधुर निनाद प्रतीत होती है।"**

"ऐ! सन्ध्या की घण्टी तेरा
स्वागत करता मैं हृदय से।
स्वतन्त्रता को लाएगी तू
पास हमारे निश्चय से ॥
हृदय मन्दिर होता आलोकित
तेरे प्रकाश की ध्वनि से।
तेरे मधुर निनाद से मचलन
होने लगी है अवनि में।"

सावरकर ने 'मृत्यु' को सम्बोधित करते हुए एक कविता लिखी, जिसके भाव थे–

'ऐ मृत्यु! तुम अकेली चली आओ। अपने साथ रोगों की उत्पीड़क सेना मत लाना। यदि तुम अपनी रोगों की उत्पीड़क सेना को साथ लायीं तो मैं उसका सामना करने को सर्वथा तैयार हूं। मैं मानता हूं कि यदि मैंने विलास में कुछ क्षण बिताये हैं, तो उसके कारण मुझे इन बीमारियों से लड़ना पड़ेगा। अतः मैं तुम्हें यह सलाह देता हूं कि तुम अकेली ही आओ। मैंने तो सोच समझकर

ही अपने जीवन को संकटों की खाई में झोंक दिया है। अतः मैं तुम्हारी रोगों की सेना से कदापि भयभीत होने वाला नहीं हूं।"

ऐसी वीर रस से युक्त अनेकों कविताएं सावरकर ने अण्डमान जेल की काल कोठरी में बैठकर लिखी थीं। जिन्हें पढ़ने से पता चलता है कि अपने समय के इस **'महाराणा प्रताप'** को स्वतंत्रता के लिए अनेकों कष्टों को झेलकर भी आनन्द ही आनन्द आये जा रहा था, कष्टों की निशा जितनी गहराती थी उतना ही सावरकर का आत्मरस बढ़ता जाता था। यह ऐसा आत्मरस था जिसके स्वाद को केवल वही जानते थे। पर था ऐसा कि वह जिस पर एक बार चढ़ जाता है उसे सोने से कुन्दन बनाकर रख देता है।

स्वाध्याय मण्डल की स्थापना की

सावरकर जी का इतिहास बोध बड़ा गहन था। वह इतिहास को विश्व में किसी जाति के जीवित रहने का ऐसा दस्तावेज मानते थे, जो उस जाति को जीवित रहने और अपने अस्तित्व को बनाये रखने के लिए निरन्तर ऊर्जान्वित और प्रेरित करता है। जिस जाति का जितना हीं अधिक उज्ज्वल और गौरवमयी इतिहास होता है वह उतनी ही अधिक जीवट होती है, और अपने अतीत का उत्सव मनाते-मनाते वह भविष्य को उज्ज्वल बनाती है। भारतवर्ष के अतीत को अंग्रेजों ने और मुस्लिम इतिहासकारों ने विकृत करने का हर सम्भव प्रयास किया, तो इसके पीछे केवल एक ही कारण था कि भारत की वर्तमान पीढ़ी को आत्मग्लानि से भर दो, जिससे कि इसका भविष्य स्वयं ही चौपट हो जायेगा। सावरकर ने इतिहास को इतिहास के दृष्टिकोण से पढ़ा और उसे यथार्थ रूप में भारत की युवा पीढ़ी के सामने लाने का श्लाघनीय कार्य किया। अपने समकालीन क्रान्तिकारियों में अकेले वह एक ऐसे लेखक क्रान्तिकारी हैं जिन्होंने इतिहास को प्रचलित सन्दर्भों से हटाकर नई परिभाषा दी और उसे पूर्ण सकारात्मकता के साथ देश की युवा पीढ़ी के सामने प्रस्तुत किया। वह मानते थे–

इतिहास हमारे युवा को अतीत का बोध कराता है।
मानव के उत्थान पतन का सच्चा शोध कराता है ॥
जो जाति अपना इतिहास भूल कर बुद्धि पर इतराती है।
सच पूछो तो ऐसी जाति दुनिया से मिट जाती है ॥

ऐसी सोच के धनी सावरकर ने भारत और विश्व के इतिहास से

परिचित कराने के लिए अण्डमान जेल के भीतर ही अपने राजनीतिक कैदी साथियों में **'जागृति लाने के उद्देश्य से स्वाध्याय मण्डल'** की स्थापना की। इस मण्डल के माध्यम से वे राजनीतिक कैदियों को भारतीय इतिहास, साहित्य, वैदिक दर्शन, उपनिषदों की ज्ञानप्रद कहानियों और पुराणादि में आये ऐतिहासिक संवादों और प्रसंगों से अवगत कराते थे। उनके साथ भाई परमानन्द जी जैसे विद्वान राजनीतिक बन्दी भी जेल में थे। जिन्हें भारतीय धर्म, साहित्य और इतिहास का गहन ज्ञान था। अतः वे भी सावरकर जी को उनके **'स्वाध्याय मण्डल'** के कार्यों और उद्देश्यों को लागू कराने में अपना सहयोग देते थे।

झांसी के पं. परमानन्द जी ने 8 वर्ष तक सावरकर जी का सान्निध्य प्राप्त किया और उनसे विभिन्न विषयों पर ज्ञान प्राप्त किया। वह लिखते हैं–**"सावरकर जी विश्व का इतिहास पढ़ाने पर बल देते थे। बाहर जब किसी को पत्र लिखते तो पुस्तकें भेजने का आग्रह अवश्य रहता। सावरकर जी ने कुछ ही वर्षों में 25 हजार पुस्तकें अण्डमान जेल में संग्रहीत कर ली थीं। एक अच्छा खासा पुस्तकालय बन गया था। अण्डमान के 'स्वाध्याय मण्डल' को वे नालन्दा विश्वविद्यालय कहा करते थे। सावरकरजी उसके उपकुलपति थे और श्री आशुतोष लाहिड़ी रीडर थे। जिस समय हम लोग रस्सी बंटते, सावरकरजी आशुतोष लाहिड़ी को पुस्तक पढ़ने को कहते थे। लाहिड़ी उसे पढ़ते और समझाते थे। इस प्रकार हम लोग काम करते हुए अध्ययन भी करते जाते थे।**

सावरकर जी गुरू गोविन्द सिंह इटली के 'गैरी-बाल्डी' तथा 'मैजिनी' के जीवन चरित्र सभी को पढ़ने की प्रेरणा दिया करते थे।"

सावरकर जी का मानना था कि जिस देश की युवा पीढ़ी देश-विदेश के क्रान्तिकारियों और स्वतंत्रता के लिए संघर्ष करने वाले महान विचारकों के जीवन चरित्र पढ़ती है और उनके जीवन के मूल्यों को अपनाती है, उस देश में 'स्वतंत्रता का संग्राम तीव्र से तीव्रतर होता जाता है। स्वतंत्रता की प्राप्ति के लिए उत्प्रेरक साहित्य का होना आवश्यक है, क्योंकि वह एक 'गुरू' का कार्य करता है, और मौन रहकर क्रान्तिकारियों की पौध तैयार करता रहता है। जिन परिस्थितियों में सावरकर रह रहे थे, उनमें क्रान्तिकारियों की नई पौध खड़ी करना उनके लिए प्राथमिक कार्य था। यद्यपि वह जेल में थे पर फिर भी वह अपने कार्य के प्रति समर्पित थे और जेल के सींखचों के पीछे से ही **'स्वाध्याय मण्डल'** के माध्यम से अपने कार्य को आगे बढ़ा रहे थे। **'स्वाध्याय मण्डल'** की

स्थापना करना उनके भीतर के उस सावरकर के दर्शन हमें कराता है जो समय का सदुपयोग करना जानता है और जीवन को पूर्ण सकारात्मकता के साथ अपने उद्‌देश्य के प्रति समर्पित रहकर जीना जिसका जीवन व्रत है वह चिन्तनशील थे। इसलिए अपने साथियों की चिन्तनशीलता को निरन्तर प्रखर बनाने के लिए प्रयासरत रहते थे। अपनी इसी सोच को क्रियान्वित करने के लिए उन्होंने 'स्वाध्याय मण्डल' की स्थापना की थी। पं. परमानन्द जी लिखते हैं–**"एक बार उन्होंने (सावरकर जी ने) मुझे 'राइ ऑफ डेच रिपब्लिक' पढ़ने को दी। मैंने पढ़ने का बहुत प्रयास किया। किन्तु उसका मर्म अच्छी प्रकार हृदयंगम नहीं कर सका। अपनी इस कमजोरी से उन्हें अवगत कराया तो वे बोले–"अरे एक वह था जो यह सुन्दर पुस्तक लिख गया, और एक तुम हो कि समझ भी नहीं पा रहे हो। क्या इसी बुद्धि और अल्पज्ञान से तुम ब्रिटिश सत्ता से लड़ोगे? पढ़ो, फिर पढ़ो।" तब उन्होंने मुझे अध्ययन का गुर बताया–"रात में एक नींद लेकर उठ जाया करो। पढ़ने और लिखने के लिए वही समय सबसे उपयुक्त है। हमारे ऋषि मुनि इसी बेला में साधना करते थे, चिन्तन करते थे। इसी को ब्रह्म मुहूर्त कहा जाता है। सर्वत्र शान्ति रहती है। निविड़, निस्तब्धता। उस समय आकाश अनन्त बन जाता है पृथ्वी माता उस (समय) अनन्त के रहस्य को प्रकृति का रूप धारण करके सामने आ खड़ी होती है।"**

हिन्दी के प्रति अनन्य आस्था

सावरकर जी देश की सभी भाषाओं का सम्मान करते थे। परन्तु इसके उपरान्त भी एक राष्ट्रभाषा के समर्थक थे। वह अंग्रेजी को भारत में हमारी गुलाम मानसिकता का प्रतीक मानते थे। संस्कृत के प्रति उनकी गहन आस्था थी। वह भारत की संस्कृति के निर्माण में संस्कृत का अप्रतिम योगदान मानते थे। साथ ही भारत की वैदिक संस्कृति को विश्व में फैलाकर संसार का उपकार करना चाहते थे। यही कारण है कि उन्होंने 1906 ई. में ही हिन्दी को राष्ट्र भाषा बनाने का संकल्प ले लिया था। उनकी मान्यता थी कि–

"अपनी भाषा के बिना
होत नहीं कल्याण।
देश-धर्म सूने रहें
मिटता स्वाभिमान॥"

संसार में यदि आपको स्वाभिमान के साथ रहना है तो अपनी भाषा आपके पास होनी ही चाहिए। सावरकर जी जब इंगलैण्ड प्रवास पर थे तब अभिनव भारत के सदस्य प्रतिदिन रात को सोने से पूर्व एकत्र होकर एक स्वर से **"हिन्दुस्तान को स्वाधीन बनाये जाने, हिन्दुस्थान को एक राष्ट्र की मान्यता दिये जाने, उसे प्रजातान्त्रिक राष्ट्र बनाये जाने तथा हिन्दी को 'राष्ट्रभाषा' व नागरी को लिपि बनाये जाने के कार्य में योगदान करने का संकल्प लेते थे।"**

सावरकर जी ने 1911 में अण्डमान जेल में रहते हुए उन्हें जैसे ही उचित अवसर मिला तो अपने कार्यक्रम में हिन्दी के प्रचार-प्रसार को प्रमुख विषय बनाया। यह बात ध्यान देने की है कि 1906 या 1911 ई. तक सावरकर जी के साथ हिन्दी को राष्ट्रभाषा बनाने के उनके संकल्प को पूर्ण कराने हेतु केवल **'आर्य समाज'** ही खड़ा था। देश के अन्य राजनीतिक संगठन या सामाजिक संगठन अभी इस मांग से बच रहे थे। हां, आर्य समाज अपने जन्मकाल से ही हिन्दी को राष्ट्रभाषा बनाने की मांग करता आ रहा था। सावरकर जी मूर्ति पूजा में विश्वास करते थे। परन्तु इसके उपरान्त भी आर्य समाज के रचनात्मक और राष्ट्रप्रेमी कार्यों को या योजनाओं को पूर्ण कराने में वे सदा आर्य समाज के साथ खड़े दिखायी देते थे।

उन दिनों महाराष्ट्र और दक्षिण भारत के राज्यों के लिए 'हिन्दी' शब्द सर्वथा नया था। वे हिन्दी भाषा को मुसलमानों की भाषा मानते थे। यही कारण था कि वे हिन्दी की उन्नति को लेकर या उसे राष्ट्रभाषा मानने के प्रश्न पर सामान्यतया बिदकते थे। दक्षिण भारत के लोगों के भीतर आज भी यह धारणा है कि भारत के हिन्दू धर्म और संस्कृति की वास्तव में कहीं मान्यता है तो वह उन्हीं के बीच है। उनका मानना है कि उत्तर भारत की संस्कृति तो मुस्लिम संस्कृति के रंग में रंग चुकी है। इसी भावना के चलते उन्हें प्रारम्भ से ही ऐसा लगता रहा है कि भारत की वैदिक संस्कृति तो उनकी भाषाओं में ही सुरक्षित है और उसका भला हिन्दी को अपनाने से नहीं हो सकता। उनकी मान्यता रही है कि हिन्दी का कोई व्याकरण नहीं है। इसके स्थान पर कई लोग बंगला भाषा को राष्ट्रभाषा के रूप में अपनाने पर बल देते थे। सावरकर जी के अनुसार उस समय की देश की जनसंख्या में हिन्दी भाषी लोगों के पश्चात बंगला भाषा को बोलने वाले सबसे अधिक थे, जिनकी संख्या लगभग 4 करोड़ थी। यद्यपि बंगाल के एक नेता श्री मित्र ने बहुत पहले हिन्दी को ही राष्ट्रभाषा

बनाने पर बल दिया था। उन्होंने बंगाल से एक हिन्दी मासिक पत्र भी निकालना आरम्भ किया था।

सावरकरजी अपने साथियों को जेल में रहकर भी हिन्दी की वैज्ञानिकता, उच्चारण की शुद्धता और उसके साहित्य के अत्यधिक समृद्ध होने के विषय में बताते रहते थे। जिससे कि स्वतंत्र भारत में हमारे सामने कोई भाषाई समस्या न आये और भाषाई आधार पर हमारे भीतर किसी प्रकार के मतभेद उभरने न पायें।

सावरकर जी लिखते हैं–**"मैंने एक दिन उन्हें (अपने साथियों) बताया–हिन्दी को राष्ट्रभाषा बनाने की बात ही बेमानी है वह तो स्वतः भारत की राष्ट्रभाषा है ही। रामेश्वरम् का बैरागी (सन्त) तथा व्यापारी पृथ्वीराज के काल से भी पहले से ही तीर्थयात्रा के दौरान हरिद्वार और बद्रीनाथ आने पर हिन्दी के माध्यम से ही कार्य चलाता है। चारों धामों की तीर्थ यात्रा करने वाले हिन्दुओं के बीच बातचीत का माध्यम हिन्दी ही तो होती है। मैंने अपनी इन युक्तियों से राजबन्दियों को हिन्दी सीखने के लिए प्रवृत्त किया। साधारण बन्दी भी हिन्दी के महत्व को समझने लगे।**

मेरा सुझाव होता था कि प्रत्येक राजबन्दी अपनी-अपनी मातृभाषा के अतिरिक्त विभिन्न प्रान्तों की ज्यादा से ज्यादा बोलियां सीखें। अण्डमान में इसकी अच्छी सम्भावना थी। मैं स्वयं बंगालियों को हिन्दी तथा मराठी, मराठा को हिन्दी तथा बंगाली, पंजाबी को हिन्दी और मराठी सिखाने लगा।"

वास्तव में सावरकर जी के व्यक्तित्व का यह गुण उन्हें एक दूरदृष्टा सिद्ध करता है। वह राजनीतिज्ञ न होकर राजनेता थे और राजनेता का ही वह व्यक्तित्व होता है जो राष्ट्र निर्माता कहलाता है। राष्ट्र का निर्माण विचारों के ईंट गारे से होता है। इस ईंट गारे को जितनी समझदारी से समरस बना दिया जाता है उतने ही उत्तम ढंग से किसी राष्ट्र का निर्माण हो पाता है। राष्ट्र निर्माता दूरदृष्टा होता है। वह आज की विसंगतियों की दरारों को भरने का काम करता है, क्योंकि वह सोचता है कि आज की विसंगतियों की दरारें यदि समय रहते नहीं भरी गयीं तो आगे चलकर ये मोटी दरारों में परवर्तित हो जायेंगी और तब इनका उपचार हो पाना असम्भव होगा। हमने ऐसा देखा भी है। भाषाई आधार पर हमारे विवाद 1947 ई. के पश्चात् से निरन्तर बढ़े तो हैं, पर कम नहीं हो पाये हैं। इन्हें मिटाने के लिए भाषाई आधार पर हमने

प्रान्तों की रचना करके भी देख लिया। परन्तु परिणाम और भी अधिक घातक आये हैं।

सावरकर जी ने हिन्दी के प्रचार-प्रसार के लिए जेल में ही ग्रन्थालय-वाचनालय की स्थापना करा दी। उनके इस कार्य में कुछ अधिकारियों ने भी सहायता की थी। सावरकर जी ऐसे अधिकारियों से हिन्दी साहित्य उपलब्ध कराने की बात अक्सर कहा करते थे। जिसे वे लोग स्वीकार भी करते थे। सावरकर जी लिखते हैं कि–**"हम लोग अण्डमान के बन्दियों को ही नहीं, अधिकारियों को भी हिन्दी पढ़ने के लिए प्रेरित करने लगे थे। मद्रासी अधिकारी भी हिन्दी सीखने लगे थे। एक राष्ट्राभिमानी डॉक्टर ने अपने परिवार के सभी सदस्यों को हिन्दी बोलने की आदत डालने के लिए यह कहकर प्रेरित किया था कि अंततः हिन्दी ही अपने देश की राष्ट्रभाषा बनकर रहेगी। उन्होंने अपनी पत्नी से संकल्प कराया था कि वह बच्चों के साथ हिन्दी में बातचीत किया करे। वे हिन्दी के प्रचार के लिए समय-समय पर हमारी आर्थिक सहायता भी किया करते थे। अन्य बन्दी भी हमें किसी न किसी उपलक्ष्य में हिन्दी प्रचारार्थ सहायता देते रहते थे।"**

इस प्रकार सावरकर जी के हिन्दी अभियान का लोगों पर अच्छा प्रभाव पड़ा। अनेकों लोगों को उनसे अपनी राष्ट्रभाषा हिन्दी को बढ़ावा देने के लिए प्रेरणा मिली। हिन्दी यद्यपि उस समय राष्ट्रभाषा नहीं थी, परन्तु सावरकर जी ने उसे अपने अभियान में इस प्रकार सम्मिलित किया कि वह लोगों के बीच लोकप्रिय होती चली गयी और राष्ट्रभाषा का प्रतीक बन गयी। हिन्दी में देश के अनेकों वीरों और इतिहास पुरूषों पर लिखी गयी पुस्तकों को सावरकर जी ने किसी न किसी माध्यम से मंगवाया और अपने साथियों को उन्हें पढ़ने के लिए प्रेरित किया। उन्हें स्वयं भी 'आल्हा ऊदल' नामक पुस्तक अतिप्रिय थी। यही कारण रहा कि यह पुस्तक वहां अन्य लोगों में भी बड़ी लोकप्रिय हो गयी। जिन लोगों की हिन्दी को लेकर पूर्वाग्रही मानसिकता थी, वह भी धीरे-धीरे समाप्त होने लगी। कई बंगाली हिन्दी के विषय में पूर्वाग्रह रखते थे, पर धीरे-धीरे वे भी हिन्दी के प्रति 'उदार' होते चले गये।

अण्डमान में उर्दू का प्रचलन होने से वहां के लोग अरब के इतिहास पुरूषों के विषय में जितना जानते हैं, उतना अपनी रामायण और महाभारत के नायकों के विषय में नहीं जानते।

सावरकर जी ने ऐसी बातों को बड़ी सूक्ष्मता से अनुभव किया था। वह लिखते हैं—"**अण्डमान की हिन्दू जनता में सामाजिक तथा राष्ट्रीय ऐक्य की भावना अत्यल्प थी। हिन्दुत्व का अभिमान केवल रूढ़ियों में था। उन्हें इस बात की चिन्ता न थी कि हिन्दी अपनी भाषा है। अपने धर्म ग्रन्थ जिस लिपि में हैं, वह नागरी लिपि तथा भाषा सीखना अपना एक कर्त्तव्य है। दो तीन पीढ़ियों के उर्दू सहचर्य से वे न केवल उसका वर्चस्व स्वीकार कर चुके थे, अपितु अपनी भाषा के प्रति उपेक्षा की आत्मघातक प्रवृत्ति के भी वे शिकार हो चुके थे। मैंने उनके हृदय में अपनी भाषा के प्रति स्नेह उत्पन्न करना आरम्भ किया।**"

यह सावरकर जी की ही राष्ट्रवादी सोच का और उनका हिन्दी के प्रति सेवाभावी होने का परिणाम था कि अण्डमान में जिन लोगों को हमारे इतिहास नायकों के विषय में कोई ज्ञान नहीं था उनको अब धीरे-धीरे अपने इतिहास के विषय में और इतिहास नायकों के विषय में ज्ञान होने लगा था। सावरकर जी ने वहां हिन्दी पत्र पत्रिकायें उपलब्ध कराई। कई लोग उनसे मिलने आते और वे उन्हें भी हिन्दी के प्रति जागरूक करते थे। वह लिखते हैं—"**इस प्रकार निरन्तर प्रयत्न करते-करते टापू के स्वतंत्र लोगों में भी यही भावना बलवती होने लगी कि हिन्दी भाषा और नागरी लिपि सीखना अपना एक धार्मिक और राष्ट्रीय कर्त्तव्य है। अब तो लोगों ने सरकार को सामूहिक आवेदन पत्र भेजकर हिन्दी का अध्ययन आवश्यक करने की मांग भी आरम्भ कर दी।**"

अण्डमान में उन दिनों सरकारी कार्य अंग्रेजी और उर्दू में होते थे। सभी लोगों का ध्यान इन दोनों भाषाओं की ओर ही था। परन्तु सावरकर जी के प्रयासों से स्थिति पलट गयी। पहले जहां सारा सरकारी कार्य 90 प्रतिशत उर्दू में हो रहा था, सारा पत्राचार उर्दू में आ जा रहा था। वहीं अब 90 प्रतिशत कार्य हिन्दी में होने लगा था। मुंशी आदि की नियुक्तियां हिन्दू संगठनाभिमानी लोगों के हाथों में आ गयीं, तथा वहां हिन्दी के जानकार ही रखे जाने लगे। सावरकर जी की उदारता यह थी कि उन्होंने किसी मुसलमान के साथ यह जबरदस्ती नहीं की कि वह उर्दू के स्थान पर हिन्दी को अनिवार्य रूप से अपनाये। पर अन्य लोगों पर उनकी दृष्टि लगी रहती थी कि कोई व्यक्ति अपना पत्राचार उर्दू में तो नहीं कर रहा है? वह कार्यालय में जाकर स्वयं भी देख लेते थे कि लोग हिन्दी के प्रति कितने जागरूक हुए हैं?

सावरकर जी की उद्यमशीलता और हिन्दी निष्ठा अपना रंग लाती जा

रही थी। बन्धन शिथिल पड़ रहे थे और अण्डमान जेल में रह रहे राजनीतिक बन्दियों के लिए जहां पहले अपना पत्र-व्यवहार अंग्रेजी में करने की अनिवार्य बाध्यता थी वहीं अब यह बाध्यता मिट सी गयी, और लोगों को अपना पत्र व्यवहार हिन्दी में करने की अनुमति मिल गयी। कई राजनीतिक बन्दी ऐसे थे जो उर्दू ही जानते थे और उर्दू ही अपनाये रखना चाहते थे, परन्तु जब उन्होंने देखा कि उर्दू हिन्दी के राष्ट्रभाषा बनने में बाधक हो सकती है तो उन्होंने सहज रूप में ही हिन्दी को अपना लिया। धीरे-धीरे लोगों ने अपने घरेलू या सामाजिक राजनीतिक कार्यक्रमों के निमंत्रण पत्रों को भी हिन्दी में छपवाना आरम्भ कर दिया। जिससे हिन्दी को जन-जन की भाषा बनाने में सरलता हुई। इस कार्यक्रम को सफल बनाने में सहायता करने वालों में भी अधिकांश आर्य समाजी ही थे। इसके अतिरिक्त **'शुद्धि आन्दोलन'** में सक्रिय शिखा के समर्थक तथा अन्यायादि के प्रतिरोध के लिए तत्पर रहने वाले लोग भी बड़ी तन्मयता और सक्रियता से **'हिन्दी आन्दोलन'** में अपना योगदान कर रहे थे। इन सभी लोगों को सरकार सन्देह की दृष्टि से देखने लगी थी। हिन्दी आन्दोलन को सरकार ने राष्ट्रवाद के उबाल के रूप में देखना आरम्भ कर दिया, जिस कारण विद्यालयों में हिन्दी भाषा को अनिवार्य नहीं किया गया। परन्तु लोग हिन्दी के प्रति आकर्षित होते गये। उन्हें आशा थी कि स्वतंत्र हिन्दुस्तान की राष्ट्र भाषा एक न एक दिन हिन्दी ही बनेगी। यह एक प्रसन्नता की बात थी कि अण्डमान में जब लड़कियों की पाठशाला खुली तो उसमें हिन्दी को मान्यता के रूप में सफलता मिली। उर्दू के अलिफ, बे, पे के स्थान पर हिन्दी वर्णमाला को सम्मान दिया गया।

सावरकर जी का उर्दू के प्रति कोई द्वेष भाव नहीं था। वह लिखते हैं–**"मेरा हिन्दी आन्दोलन उर्दू के प्रति द्वेष पर आधारित कदापि नहीं था। मैंने स्वयं उर्दू सीखी थी, तथा एक भाषा के नाते मेरा उससे भी स्नेह है। मैं यह मानता हूं कि उसे भी बढ़ने व पनपने का अवसर मिलना चाहिए। परन्तु हिन्दी पर उर्दू को हावी करने का प्रयास सर्वथा असहनीय है। हिन्दी की जगह उसे राष्ट्रभाषा का मान देना कभी भी सहन नहीं हो सकता। हिन्दुओं के व्यय से संचालित विद्यालयों में हिन्दी की जगह उर्दू को अनिवार्य रूप से सिखाया जाना घोर अन्याय ही कहा जायेगा। हम जर्मन सीखें, अंग्रेजी सीखें, उर्दू सीखें, परन्तु राष्ट्रभाषा का दर्जा तो संस्कृतोत्पन्न हिन्दी भाषा को ही दिया जाना चाहिए।**

हिन्दी भाषा को त्यागकर उर्दू को हिन्दी के मस्तक पर चढ़ा देना मुझे घातक लगता है।"

सावरकर जी बहुत व्यावहारिक बुद्धि के व्यक्ति थे। उन्हें बिना लाग लपेट के बात कहना अच्छा लगता था। वह तुष्टिकरण के चक्कर में शब्दों को चलाकर या घुमा-फिराकर बोलने के घोर विरोधी थे। यही कारण है कि उन्होंने उर्दू से कोई विरोध न दिखाकर जहां अपने मन की बात कह दी वहीं यह भी स्पष्ट कर दिया कि हिन्दी भाषा को त्यागकर उर्दू को हिन्दी के मस्तक पर चढ़ा देना मुझे घातक लगता है।

सावरकर जी का आर्य समाज के संस्थापक महर्षि दयानन्द सरस्वती जी महाराज के प्रति भी विशेष सम्मान भाव था। ऋषि कृत **'सत्यार्थ प्रकाश'** को उन्होंने विशेष सम्मान देकर अपने पुस्तकालय में मंगवाया था। इस ग्रन्थ के भीतर महर्षि दयानन्द जी महाराज ने बड़ी स्पष्टता से जहां हिन्दू समाज की विकृतियों को उठाया वहीं उन्होंने 'स्वराज्य' की भी बड़ी ही उत्कृष्ट व्यवस्था और व्याख्या प्रस्तुत की है। यही कारण था कि चाहे हमारे किसी क्रान्तिकारी की **'सत्यार्थ प्रकाश'** के किसी स्थल विशेष से असहमति भी रही तो भी उसने इस क्रान्तिकारी ग्रन्थ को बड़े चाव से पढ़ा। सावरकर जी ने भी इस ग्रन्थ को पढ़ा।

अण्डमान के अन्तिम दिन

अण्डमान की जेल में रहते हुए सावरकर जी ने जिन-जिन लोगों से भी पत्राचार किया उस सारे पत्र व्यवहार में उन्होंने अपने इष्ट मित्र-बन्धु बान्धवों को देश के लिए कार्य करने की ही शिक्षा दी। अपने भाइयों से किये गये पत्राचार में भी केवल राष्ट्रभक्ति के अतिरिक्त उनका और कुछ नहीं झलकता। उन्होंने जेल में रहते हुए जिस प्रकार के कार्य किये उनको देखकर भी यह स्पष्ट हो जाता है कि उनके लिए राष्ट्र से बढ़कर कुछ नहीं था। वह समय का सदुपयोग करना जानते थे और यही कारण था कि उन्होंने अपनी जेल की अवधि को सकारात्मक और देशोपकारी कार्यों में व्यतीत किया। उनका मानना था–

"राष्ट्र धर्म सबसे बड़ा
इससे बड़ा न कोय।

जो इसका त्यागन करै
नीच अधर्मी होय।"

सावरकर जी अपने हर देशवासी से असीम स्नेह करते थे। बस शर्त केवल यह थी कि वह व्यक्ति भारत की इस पवित्र भूमि को अपनी पुण्यभमि और पितृभूमि मानता हो।

जेल में रहते-रहते और अनेकों यातनाओं को सहते-सहते सावरकर जी का शरीर कई बार थकान अनुभव करने लगता, तो कभी-कभी ऐसा भी लगता कि हो सकता है–अंग्रेज हमें मुक्त करने के स्थान पर फांसी की सजा ही सुना दें। उन्होंने अपने मन की इस आशंका को अपने कनिष्ठ भ्राता से उनके जेल में मिलने आने पर व्यक्त भी किया था। उन्होंने कहा था कि तुम अब हम दोनों भाइयों के जीवन के अन्त होने का समाचार किसी भी दिन सुनने को तत्पर रहना। अब हम दोनों की जिन्दगी का अधिक सफर असम्भव लगने लगा है। यह मत भूलना कि असम्भवनीय बातें भी तो कभी न कभी सम्भव होती ही हैं। शायद तुम्हारी हमारी यह अन्तिम भेंट हो।

ऐसी सम्भावनाओं असम्भावनाओं के पालने में झूलने के अभ्यस्त हो चुके सावरकर जी के लिए एक दिन अचानक प्रसन्नता की घड़ी आयी। वह लिखते हैं–**"ऐसे ही एक दिन सन्ध्या समय की घण्टी बजी, मैंने तेल गोदाम का ताला लगाया, चाबी बड़े जमादार के हाथ में सौंप दी, और अपनी कोठरी की ओर चल दिया। टिकिट का पात्र बन चुकने के उपरान्त दिन में कारागार की दीवार के अन्दर रहना पड़ता था, और रात्रि को कोठरी में। चाबी देने के बाद कोठरी तक पहुंचा भी नहीं था कि बार्डर ने हाथ में चिट्ठी थमा दी, 'बाबू, अच्छी खबर है, आप लोगों को हिन्दूस्थान भेजा जा रहा है।' पत्र में लिखा था–'आज आयुक्त के कार्यालय में हिन्दुस्तान सरकार का आदेश आया है कि 'सावरकर बन्धुओं' को हिन्दुस्थान वापस भेज दिया जाये। बम्बई सरकार ने उन्हें वापस बुलाया है।**

इससे पहले ऐसी अफवाहें छप्पन बार हम सुन चुके हैं। अब मुक्त हुए, मुक्ति के आदेश आ गये हैं–**जैसी बातें सुनने के हम आदि हो चुके हैं ऐसी बातों पर हमें विश्वास ही नहीं होता था। सूचना भेजने वाले मित्र ने इसीलिए लिखा था–'यह समाचार पुष्ट है–अपनी आंखों से उस आदेश को देखा है।**

...प्रातः काल कारागार के एक अधिकारी ने मुझे बुलाकर कहा–"पुस्तकें

व अपना सामान बटोर लो। तुम्हें हिन्दुस्थान भेजा जाना है अब इस बात की पुष्टि हो गयी है कि वास्तव में इस कारागार से (तुम्हारी) मुक्ति का अवसर आ गया है।"

सावरकर जी के लिए यह घड़ी प्रसन्नता की इसलिए थी कि जिस मातृभूमि की मुक्ति के लिए वह और उनके साथी दिन रात कठोर साधना कर रहे थे अब वे उस भूमि पर लौटने वाले थे। यद्यपि यह लौटना मात्र जेल का स्थानान्तरण ही था। अब तक वह अण्डमान की जेल में थे तो अब उन्हें ब्रिटिश सरकार भारत की किसी जेल में रख सकती थी। यह पूर्ण मुक्ति नहीं थी। पर फिर भी अपने राष्ट्र की हवाओं से परिचय कराने का सन्देश इस मुक्ति में अवश्य था। सावरकर जी को इस समय एक दुःख था कि यहां (अण्डमान में) ज्येष्ठ भ्राता श्री के साथ तो समय व्यतीत हो रहा था, वहां (हिन्दुस्तान) तो यह भी पता नहीं रहेगा कि वह कौन सी जेल में हैं? इसके अतिरिक्त यहां जेल में कार्य करते-करते शुद्धि आदि के जिन रचनात्मक कार्यों के माध्यम से लोगों से परिचय बना था अब उनसे पुनः भेंट नहीं हो सकेगी, दूसरे वे सभी कार्य भी अधूरे ही छूट जायेंगे। कुछ भी हो विदाई तो विदाई ही होती है। यह कुछ न कुछ कष्ट लेकर आती है। अन्तिम विदाई से पूर्व सावरकर जी ने अपनी पुस्तकों में से कुछ को ग्रन्थालय (पुस्तकालय) को सौंप दिया तो कुछ को बन्दियों तथा बस्ती के लोगों में बांट दिया। जिससे कि उन लोगों के पास हमारी कोई स्मृति रह जाये। अधिकारी भी उस दिन विशेष कृपालु थे, और उन्होंने किसी भी व्यक्ति को सावरकर जी से मिलने की पूरी छूट दे दी थी। लोगों ने सावरकर जी को मिठाई, फल, आदि भेंट प्रदान कीं। जो लोग आ नहीं सके, उन्होंने भी उपहार भिजवाये। लोग अन्तिम नमस्कार के लिए आ रहे थे। पर उनके हृदय में सावरकर जी के प्रति असीम श्रद्धा भावना थी, क्योंकि उन्हें उनसे बहुत कुछ सीखने को मिला था। आज वह ज्ञान का सूर्य और प्राचीन सन्दर्भों में कहें तो एक वैदिक अतिथि उनसे विदा ले रहा था। जिसे विदा करते समय उनका मन भारी हो रहा था। क्योंकि इस अतिथि के कारण उन्हें अपने धर्म, संस्कृति, इतिहास और भाषा के विषय में बहुत कुछ सीखने को मिला था।

जब तक सावरकर जी कारागार के दरवाजे तक आये तब तक वहां उपहारों का ढेर लग चुका था। सावरकर जी ने उदारता का प्रदर्शन किया और

उपहार की वे सभी वस्तुएं अपने साथी बन्दियों में वितरित कर दीं। उन्होंने अपने साथियों को शपथ दिलाई–

"एक देव, एक देश, एक आशा
एक जाति, एक जीव, एक भाषा।"

इस शिवसंकल्प को दिलाकर सावरकर जी अपने मित्रों के प्रति कुछ सन्तुष्ट हुए, उन्हें लगा कि उनके साथी उनके कार्यों को पूर्ण करने के लिए सक्रिय रहेंगे।

अण्डमान की जेल में 1909 ई. में सावरकर जी के ज्येष्ठ भ्राता श्री आये थे और 1911 ई. में वह स्वयं इस जेल में पहुंचे थे। अब 1921 में इस जेल के फाटक इन दोनों महान क्रान्तिकारी बन्धुओं के लिए फिर खुल रहे थे। उस समय यदि भीतर लेने के लिए खुले थे तो आज बाहर निकालने के लिए खुले थे। तब से आज तक दोनों भाइयों ने बाहर का दृश्य नहीं देखा था। जेल के भीतर रहते सावरकर जी को कई बार लगता था कि ये अंग्रेज लोग उनके जीवन के लिए कोई भी संकट खड़ा कर सकते हैं। पर आज अपने आपको जेल के बाहर जीवित खड़ा देखकर सावरकर जी को सचमुच अच्छा ही लग रहा था। सावरकर जी ने अपने ज्येष्ठ भ्राता से कहा था–**"बाबा, यह इतनी सी लोहे की देहरी जीवन् मृत्यु की सीमा रेखा है।"**

मुख्य द्वार पर सावरकर जी के लिए बड़ी भारी भीड़ एकत्र थी। तभी एक बन्दी जमादार अधिकारी आया। उसने एक माला सावरकर जी के गले में डाल दी वह झुका और सावरकर जी को नमस्कार करते हुए सजल नेत्रों से उन्हें देखता हुआ आगे बढ़ गया। वह जमादार जाते-जाते सावरकर जी की जय-जयकार कर रहा था। उसके इस कार्य ने सावरकर जी को हृदय से प्रभावित किया।

"सही समय पर सम्मान दे
करता हो जो प्रीत।
सच्चा सहायक है वही
मानो उसको मीत॥"

ऐसा नहीं था कि सावरकर जी के गले में उससे पूर्व कोई माला नहीं पड़ी थी। माला के पहनने के तो कितने ही अवसर मिले थे और कितने ही अवसर अभी मिलने थे–पर जमादार की माला में कुछ अलग ही भाव था। वह कहते हैं–**"कि एक ओर वह भावुक बन्दी जमादार सभी बन्दियों की ओर से**

फूलों की माला मेरे गले में पहना रहा है, तथा दूसरी ओर ठीक उसी समय सिपाही मेरे हाथों में हथकड़ियां डालने का प्रयास कर रहा है। एक ओर माला तो दूसरी ओर हथकड़ी। फूलों की माला पहनाने वाला देशबन्धु, राष्ट्रभक्त बन्दी प्रेम के आदर का प्रतीक था, तो हथकड़ी पहनाने वाला उस सरकार का प्रतीक था, जो मेरा नाम तक मिटाने को कटिबद्ध थी।" अन्त में 21 जनवरी 1921 को सावरकर जी को उसी 'महाराजा' नामक जलयान से भारत लाना था जिससे उन्हें भारत से अण्डमान ले जाया गया था। अब वह जलयान समुद्र के किनारे आ लगा था। इसी जहाज में सावरकर बन्धुओं को एक पिंजड़े में बन्द करके बैठा दिया गया। इस जहाज में अनेकों पागल भी थे। वे बेचारे बड़ी अनोखी अनोखी बातें करते चल रहे थे। उनका अधिकारी उन्हें पीट भी देता था। वह रोते-चिल्लाते और शान्त होकर फिर अपने 'पागलपन' के कार्यों में लग जाते। इन्हीं पागलों के बीच आज वर्षों के पश्चात दो क्रान्तिकारी (सावरकर बन्धु) एक साथ पास-पास बैठे थे। इतनी निकटता से बात करने या एक दूसरे को देखने का इन दोनों बन्धुओं को वर्षों के पश्चात अवसर उपलब्ध हुआ था। पागलों ने उल्टी, दस्त आदि से सारा पिंजड़ा ही नरकमय बना दिया था। पर वहां से भागना भी सम्भव नहीं था। वैसे भी सावरकर बन्धुओं को वर्षों तक जेल की नारकीय जीवन शैली में रहने का अनुभव हो चुका था। अतः कष्टों को अनुभव करके भी उन्हें झेलने की अद्भुत क्षमता उनके भीतर आ गयी थी। यद्यपि सावरकर जी और अन्य कैदियों के कहने पर अधिकारियों ने सावरकर बन्धुओं को थोड़ी सुविधाजनक जगह उपलब्ध करा दी।

सावरकर जी कहते हैं—"यह कैसी विडम्बना थी कि डकैतों, चोरों, तथा अन्य अपराधियों के लिए जलयान की ऊपरी मंजिल पर हवादार जगह में व्यवस्था की गयी थी। उन्हें शुद्ध वायु प्राप्त हो सकती थी। परन्तु हम दोनों भाइयों को शुद्ध वायु के लिए भी प्रार्थना करनी पड़ी। आवेदन पत्र तक देना पड़ा। तब जाकर दूसरे दिन से तलघर में ऊपरी डेक से थैली द्वारा दो बार शुद्ध वायु छोड़ने की व्यवस्था की गयी। साथ ही आधा घण्टा के लिए पहरे में डेक पर बैठाने की अनुमति मिली। जलयान से आ रहे यात्री तथा कुछ अधिकारी चुप-चुप मेरे पास तक आकर मुझसे बातें करते, मेरा कुशल क्षेम पूछते। इन हिन्दुस्तानी या यूरोपियन दोनों को मुझसे सहानुभूति थी। एक एंग्लोइण्डियन ने तो मेरी प्रशंसा करते हुए मुझे "थामस ए केमपीसस इमीटेशन ऑफ क्राइस्ट'

नामक ग्रन्थ भी भेंट किया। उसने मुझे अच्छे स्तर के खाद्य पदार्थ दिये तथा कुछ धन देने की इच्छा व्यक्त की। मैंने धनराशि लेने से इनकार कर दिया। यात्री मुझे मिठाई आदि भेंट करते तो मैं उसे भी पागलों को वितरित कर देता था।"

ऐसे वातावरण में उन यात्रियों को जो कि सावरकर जी के विषय में जानते थे—निश्चय ही एक अलौकिक आनन्दानुभूति हो रही थी। जो उन्हें साक्षात् अपने बीच देख रहे थे। क्रान्तिकारियों का सिरमौर और सशस्त्र क्रान्ति का डिण्डिम घोष करने वाले एक वीर को यदि अपने बीच लोग देखें तो उन्हें आश्चर्य मिश्रित प्रसन्नता तो होनी ही थी। सावरकर जी उन दिनों अन्तर्राष्ट्रीय स्तर पर जाने जाते थे। ऐसे महान क्रान्तिकारी के दर्शन करना सचमुच लोगों को अच्छा लग रहा था।

इस दौरान दोनों भाइयों ने बीते 14 वर्ष के अपने व्यक्तिगत अनुभव और अपने ऊपर बीते हुए घटनाक्रम को एक दूसरे के साथ सांझा किया। दोनों का मन काफी प्रसन्न था। बस एक दिन यूं ही भारत का तट दिखायी दे गया। सावरकर जी ने ज्येष्ठ भ्राता से कहा—**"बाबा, वह देखो, भारत! वही है—नील सिन्धु जल धौत रखा तल।"** दोनों भाइयों ने नतमस्तक होकर अपनी मातृभूमि पर कदम रखा और घोष किया—**"स्वातन्त्र्य लक्ष्मी की जय—वन्देमातरम्।"**

अध्याय–5

रत्नागिरी का रत्न सावरकर

सावरकर जी जब अण्डमान से भारत लाये गये तो यहां लाकर उन्हें रत्नागिरी में नजर-बन्द (स्थानबद्ध) कर दिया गया। अब वह किसी भी प्रकार की राजनीतिक गतिविधि में न तो भाग ले सकते थे और न ही कोई वक्तव्य दे सकते थे। अंग्रेज सरकार जानती थी कि इस क्रान्तिवीर के वक्तव्य भी आग लगा सकते हैं। इसलिए उनके लिए यह भी प्रतिबन्ध था कि वे किसी प्रकार का कोई राजनीतिक वक्तव्य भी जारी नहीं कर सकेंगे। पर सावरकर भी अपने समय को पूर्ण रचनात्मकता के साथ जीने के अभ्यासी बन चुके थे। उन्होंने बैठे-बिठाये अब भी अपनी कार्य योजना को मूर्त्त रूप देने का मार्ग निकाल लिया। उन्होंने एक युक्ति निकाली जिसके अनुसार अपने छोटे भाई श्री नारायण राव सावरकर को प्रेरित कर **'श्रद्धानन्द'** व **'हुतात्मा'** नामक साप्ताहिक समाचार पत्र प्रकाशित कराये। इस प्रकार इन दो समाचार पत्रों के माध्यम से उन्होंने लोगों तक अपनी बात पहुंचानी आरम्भ की। उन दिनों वह अपने नाम से लेख प्रकाशित नहीं कर सकते थे। तो उन्होंने काल्पनिक नामों से लेख व कवितायें प्रकाशित करनी आरम्भ कीं। उनके ओजस्वी लेख **'श्रद्धानन्द'** व **'हुतात्मा'** के माध्यम से लोगों तक जाने लगे। जिनसे युवाओं को बड़ी प्रेरणा मिलती थी। इसके अतिरिक्त सावरकर जी ने **'हिन्दुत्व'**, **'हिन्दू पद पादशाही'**, **'उःशाप'**, **'उत्तरक्रिया'**, **'संन्यस्त खडग'** जैसे कई ग्रन्थों को भी रत्नागिरी में अपनी स्थानबद्धता के काल में ही लिखा था। इस प्रकार 'स्थानबद्धता के इस काल में भी सावरकर जी वही कार्य करते रहे जो उन्होंने अण्डमान की नारकीय जेल में रहते हुए किया था।

सावरकर जी ने रत्नागिरी में रहते हुए शुद्धि कार्य पर भी आगे की योजना बनायी। 'शुद्धि कार्य' के विषय में उनका माना था कि **"यह संजीवनी किसी भी हिन्दू को भ्रष्टीकरण के बाणों से विदग्ध नहीं होने देगी। देव गुरू पुत्र**

कच की भांति जब स्वामी श्रद्धानन्द जी द्वारा यह शुद्धि रूपी संजीवनी किसी भी गैर हिन्दू प्रयोग में लायी गयी तो समस्त विधर्मी आतंकित हो उठे। वे भय से कांपने लगे। स्वामी श्रद्धानन्द जी की हत्या इसलिए की गयी कि शुद्धि कार्य समाप्त हो जाये। स्वामीजी की हत्या का बदला शुद्धि कार्य को जारी रखकर ही लिया जा सकता है।"

सावरकर जी स्वामी श्रद्धानन्द जी के महान कार्यों से बड़े प्रभावित थे। उनका राष्ट्रवाद और उनका शुद्धिकरण अभियान सावरकर जी को हृदय से प्रभावित करता था। हिन्दुओं में से ही कुछ लोग ऐसे थे जो शुद्धिकरण के अभियान को निरर्थक और अनर्गल मानते थे। उनका कहना होता था कि संख्याबल से कुछ होने वाला नहीं है। इसलिए यदि मुसलमान कहीं हिन्दू धर्मान्तरण कर भी रहे हैं तो उससे कोई विशेष अन्तर नहीं पड़ता। इस पर सावरकर जी का कहना होता था कि यदि ईसाई और मुसलमान अपनी संख्या बढ़ाकर हमारी संस्कृति और धर्म को नष्ट करते जा रहे हैं, तो हमें भी अपना संख्या बल बढ़ाकर अपनी संस्कृति व धर्म की रक्षा करनी चाहिए और ईसाई व मुसलमानों के सपनों को साकार होने से पूर्व ही मसल देना चाहिए।

ईसाई और मुसलमान भारत में हिन्दू समाज की जड़ों को खोखला करने के लिए सदा ही हरिजनों को अपनी भूख मिटाने का साधन बनाते आये हैं। उन लोगों की निर्धनता और सामाजिक स्तर का लाभ उठाकर इन्होंने उनका धर्मान्तरण कर अपना संख्या बल बढ़ाया है। सावरकर ने इस ओर विशेष ध्यान दिया। उनहोंने अछूतों की सभा में भाषण देते हुए कहा था–**"हरिजन हिन्दू जाति के अटूट अंग हैं। आज जो हरिजनों को हिन्दुत्व से च्युत करने का षड्यन्त्र रचा जा रहा है, उसे कदापि सहन नहीं किया जायेगा।"**

सावरकर जी ने शुद्धि आन्दोलन को राष्ट्रवाद से और राष्ट्रभक्ति से जोड़कर लोगों के समक्ष प्रस्तुत किया। उन्होंने हिन्दुओं के धर्मान्तरण को अपने लिए बढ़ रहे शत्रुओं की संख्या के रूप में देखा, और यह माना कि ये बीमारी एक दिन हमें अपने ही देश में अल्पसंख्यकों की स्थिति में लाकर उनकी भेंट चढ़ा देगी। यही कारण था कि जब अंग्रेजों द्वारा हिन्दुओं का धर्मान्तरण कर उन्हें बड़ी संख्या में ईसाई बनाने का समाचार सावरकर जी को मिला तो उन्होंने उनकी शुद्धि के लिए मसूरकर जी महाराज को भेजा। महाराज श्री के शुद्धि कार्यक्रम से ईसाई पादरी बड़े भयभीत हुए। तब पुर्तगाली शासकों ने महाराज

श्री को गिरफ्तार करके जेल में डाल दिया। इस समाचार को पाकर सावरकर जी को बड़ा दुःख हुआ। उन्होंने हिन्दू महासभा के नेता डॉ. मुंजे व श्री केलकर को एक हजार रूपये एकत्र करके दिये और महाराज श्री की सहायतार्थ पहुंचवाये। जिससे कि उनकी रिहाई कराई जा सके। उधर बम्बई विधानसभा में भी मसूरकर जी महाराज की गिरफ्तारी पर पुर्तगालियों के निर्णय की तीव्र निन्दा की गयी। अन्त में पुर्तगाली शासकों को मसूरकर जी को रिहा करना पड़ा। मसूरकर जी दृढ़ इच्छा शक्ति के व्यक्ति थे। उन्होंने बिना किसी भय के पुर्तगालियों की नाक तले रहकर बहुत बड़ा काम कर दिखाया था और 15 हजार ईसाई बने हिन्दुओं की शुद्धि का कार्यपूर्ण कर दिया। उन परिस्थितियों में निस्सन्देह यह एक साहसिक कार्य था। निश्चय ही इसके पीछे सावरकर जी की प्रेरणा शक्ति कार्य कर रही थी। इसे स्वयं मसूरकर जी ने अपने एक लेख में स्वीकार किया था। महाराष्ट्र सरकार ने मुस्लिमों और ईसाई मिशनरीज़ के दबाव में सावरकर जी से शुद्धि आन्दोलन के सम्बन्ध में प्रश्न पूछा कि क्यों न इसे प्रतिबंन्धित कर दिया जाये। तब सावरकर जी ने स्पष्ट उत्तर दिया–**"जब आपके शासन में धर्म परिवर्तन किये जाने की स्वतंत्रता है तो हिन्दुओं पर शुद्धि कार्य के लिए प्रतिबन्ध कैसे लाया जा सकता है? हिन्दुओं को ईसाई बनाना बन्द किया जाए, तब फिर शुद्धि कार्य को बन्द करने पर विचार किया जा सकता है।"**

सावरकर जी का यह उत्तर तार्किक था, जिसका महाराष्ट्र सरकार के पास कोई उत्तर नहीं था।

"गुड़ से करत परहेज हैं
गुलगुले नित खाय।
पाखण्डी नर होत है
होवे छद्म सुभाय ॥"

अब सावरकर जी हिन्दू हृदय सम्राट बन चुके थे। लोगों ने उनमें एक ऐसे राजनेता और भविष्य दृष्टा का स्वरूप देखना आरम्भ कर दिया था जो भारत को भारत की वास्तविक पहचान दिलाने की क्षमता रखता है और स्वतंत्रता मिलने पर जो भारत को पुनः विश्वगुरू बनाने के लिए भारत में राजनीति का **'हिन्दूकरण और हिन्दुओं का सैनिकीकरण'** करने की योग्यता रखता है। सावरकर जी ने यद्यपि राजनीति का **'हिन्दूकरण और हिन्दुओं का**

सैनिकीकरण' करने की अपनी योजनाओं को अभी सार्वजनिक नहीं किया था परन्तु **'होनहार बिरवान के होत चिकने पात'** वाली कहावत तो उन पर चरितार्थ हो ही रही थी। उनके व्यक्तित्व की विशालता, स्पष्टवादिता और उत्कृष्ट देशभक्ति से प्रभावित होकर हिन्दुत्वनिष्ठ राजनीति करने वाले राजनीति के धुरन्धर मनीषी डॉ. मुंजे, जगत् गुरू शंकराचार्य, डॉ. कुर्त्तकोटि जी जैसे नेता सावरकर जी की ओर खिंचे चले आ रहे थे। इन लोगों ने नासिक में सावरकर जी का विशाल सभा के मध्य सार्वजनिक अभिनन्दन करने का कार्यक्रम बनाया। सभा में अभिनन्दन पत्र को 'केसरी' के सम्पादक श्री नरसिंह चिन्तामणि ने तैयार किया था।

उस अभिनन्दन पत्र का एक अंश यहां प्रस्तुत है—**"आपके दीर्घकालीन कष्टमय कारावास के पहले का आपका सार्वजनिक कार्य यद्यपि अल्पकालीन, तथापि वह 'मुहूर्त्त' ज्वलिंत श्रेय' की उक्ति के अनुसार तेजस्वी तथा स्फूर्तिकारी रहा है। अपनी अन्तरात्मा की आज्ञानुसार कार्य करने तथा उसके परिणामों को आनन्द से सहने में ही प्रगति की जड़ है। कम से कम इस देश में तो आजन्म काले पानी की सजा भुगतकर वापस जाना एक प्रकार का पुनर्जन्म समझा जाता है। इतने कष्ट उठाने पर भी आपका कार्य विचलित नहीं हुआ है, और आपने सार्वजनिक कार्य करने की हिम्मत कायम रखी है। यह बात अलौकिक है। इस अलौकिकता के लिए समस्त महाराष्ट्र आपकी आनन्दाश्चर्य से सराहना करता है।"**

एक विद्वान सम्पादक ही एक विद्वान लेखक, कवि और क्रान्तिकारी देशभक्त के लिए ऐसे शब्दों का चयन कर सकता था। ये शब्द वैसे तो समस्त महाराष्ट्र की जनता की ओर से लिखे गये थे पर वास्तव में ये शब्द उनके लिए देशभर के ही नहीं, अपितु विश्वभर के समस्त प्रशंसकों और समर्थक अनुयायियों की ओर से भी कहे जायें तो कोई अतिश्योक्ति नहीं होगी। ऐसे देशभक्त क्रान्तिवीरों को अपनी ओर से कुछ लौटाने के लिए लोगों के पास कुछ नहीं होता है, केवल भावनाएं ही होती हैं। जो कभी फूलमालाओं के रूप में तो कभी लोगों की अपार भीड़ के रूप में और कभी अभिनन्दन समारोहों के रूप में प्रकट होती है। इससे नायक को ऊर्जा मिलती है, जो उसकी संघर्ष शक्ति को द्विगुणित करती है। इस प्रकार ये सारे प्रयोजन अन्ततः देश के ही काम आते हैं। कहने का अभिप्राय है कि सच्चे देशभक्त के लिए हम जितनी फूलमालाएं

सजाते हैं जितना जनसमूह एकत्र करते हैं या जितने अभिनन्दन समारोहों का आयोजन करते हैं, वे उसकी ऊर्जा को द्विगुणित कर देश के लिए उपयोगी बनाकर लौटाते हैं। इस प्रकार ये सारे कार्यक्रम भी तब यज्ञीय भावना से भर उठते हैं, जब इनका उद्देश्य शुद्ध परमार्थ हो और अपने नायक का मनोबल बढ़ाना हो।

इस भव्य कार्यक्रम में बोलते हुए सावरकर जी ने कहा था–**"आप लोगों ने मेरा जिस प्रकार सम्मान किया है उसका मैं क्या उत्तर दूं? इस अवसर पर लगभग 14 वर्ष पहले की बात मुझे स्मरण आती है। मुझे सजा सुनाई गयी थी और कैदियों की गाड़ी सड़क पर चल रही थी। बाहर के आदमियों की आवाजें सुन पड़ती थीं। पर मैं किसी को देख नहीं सकता था। उस समय एक पुलिस अधिकारी ने जो एक खां साहब थे, गाड़ी की खिड़की जरा हटाकर मुझसे कहा–'सावरकर! तुम्हारी हालत पर मुझे रहम आता है। तुम जैसे जवान, बैरिस्टरी करने की बजाय जेल में जावें, यह बात अच्छी नहीं। वह सामने वाला बंगला देखो, वह तुम जैसे एक बैरिस्टर का है। केवल चार वर्ष की वकालत में उसने इतना धन और यश प्राप्त किया है। मैंने कहा–खां साहब! क्या आप समझते हैं कि मैंने वकालत नहीं की? नहीं, यह बात नहीं है। मैंने एक बड़ा मुकद्दमा लिया है, वह किसी व्यक्ति विशेष का नहीं है, वह तुम जैसे देशभाईयों का मुकदमा है। आप इस मुकदमें को जानते नहीं हैं, इसलिए तुमने ये हथकड़ियां पहनाई हैं।**

....मैंने जो कुछ किया था वह निरपेक्ष बुद्धि से किया था और इसलिए मुझे दुःख नहीं होता। आज जैसा सम्मान मेरा कभी किया जायेगा यह बात मेरे मन में कभी नहीं आयी।"

सावरकर जी ने स्पष्ट किया कि उन्होंने जो कुछ किया था वह अपना कर्त्तव्य समझकर किया था और मेरी मान्यता यह थी कि अण्डमान की जेल में ही मेरी मृत्यु हो जायेगी। अंग्रेज अब मुझे अपने देशवासियों के बीच जाने नहीं देंगे। उनका कहना था–

"देशधर्म के वास्ते
लिया दृढ़ संकल्प।
सम्मुख उसके था नहीं
दूजा कोई विकल्प ॥"

अपने सम्बोधन में बड़ी ओजस्विता से इस महानायक ने उपस्थित नवयुवकों को अपने वीर इतिहास नायकों और विश्व के महानतम क्रान्तिकारियों के जीवन के किस्से सुनाये और उन्हें देशभक्ति के लिए आन्दोलित कर डाला। ऐसे ओजस्वी भाषण को सुनकर सचमुच नवयुवक मचल उठे। सावरकर का इस अभिनन्दन समारोह में उपस्थित होने का लक्ष्य भी यही था कि कुछ क्रान्तिकारी युवा मिलें और उन्हें राष्ट्रवेदी के लिए तैयार किया जाये—उनका उद्देश्य फूलमालाएं पहनना या कोई अभिनन्दन पत्र स्वीकार करना कदापि नहीं था। अतः अपने लक्ष्य की प्राप्ति के लिए उन्होंने समय का पूर्ण सदुपयोग किया। नवयुवकों ने भी अपने महानायक से जितनी ऊर्जा ले लेनी चाहिए थी उतनी ऊर्जा लेने में कोई कमी नहीं छोड़ी।

अन्त में सावरकर जी ने कहा था—**"भेंट को स्वीकार करने में मुझे संकोच हो रहा है। महाराष्ट्र का मैं सेवक हूं। मेरी सेवा का जो गौरव किया गया है, उसे मैं विदायी के रूप में नही लेता वरन् जाति, धर्म, साहित्य और मेरी शर्तें निकट चुभने पर राजनैतिक सेवा के लिए बयाने (पेशगी) के रूप में इसे ग्रहण करता हूं।"**

अध्याय–6

विभिन्न व्यक्तित्वों से भेंट

सावरकर जी अब राष्ट्रीय पटल पर एक जननायक के रूप में उभर चुके थे। उस समय तक कांग्रेस भारत की पूर्ण स्वाधीनता की समर्थक नहीं थी। वह अभी **'हिज मैजेस्टी'** को **'विरोध पत्र'** और **'प्रार्थना पत्र'** देने की नीति में ही अटकी-भटकी पड़ी थी। वह मानती थी कि अंग्रेज उन्हें धीरे-धीरे अधिकार देते जाएंगे और हम **'डोमिनियम स्टेटस'** अर्थात् **'अधिशासी अधिराज्य'** के स्वामी बन जायेंगे। सावरकर जी कांग्रेस के इस विचार से पहले दिन से ही असहमत थे। वे **'विरोधपत्रों'** और **'प्रार्थनापत्रों'** या अनशन व सत्याग्रह जैसे उपायों में विश्वास नहीं करते थे। उनका मानना था कि अंग्रेजों ने हमसे हमारा भूभाग लड़कर लिया है–इसलिए उन्हें लड़कर ही भगाया जायेगा। वह प्यार से देश छोड़कर नहीं जायेंगे। उन दिनों डॉ. केशव राव बलिराव हेडगेवार जी राष्ट्रीय स्वयं सेवक संघ की स्थापना की तैयारी कर रहे थे। उनका देश भर में बड़ा सम्मान था और उनकी चिन्तन शील बुद्धि का लोग लोहा मानते थे। वह हिन्दू संगठन को लेकर चिन्तित थे। अतः 1925 में उन्होंने राष्ट्रीय स्वयं सेवक संघ की स्थापना से पूर्व सावरकर जी से भेंट की और उन्हें हिन्दू संगठन को बलशाली करने के लिए अपनी विस्तृत योजना से अवगत कराया। हेडगेवार जी हिन्दू समाज क़ी संगठन शक्ति में राष्ट्रोन्नति व देश की एकता और अखण्डता के अक्षुण्ण रखने की भावना को बलवती होता देखते थे। सावरकर जी स्वयं इसी मान्यता के थे। अतः जब उनसे डा. हेडगेवार मिले तो एक और एक मिलकर ग्यारह हो गये।

सावरकर जी के विचारों को अपने अनुकूल पाकर अर्थात् उनका अपनी योजना पर अपेक्षित उत्तर पाकर हेडगेवार बड़े प्रसन्न थे। जब सावरकर जी की स्थानबद्धता समाप्त की गयी तो 12 दिसम्बर 1937 को नागपुर संघ शाखा पर उन्होंने बौद्धिक देते हुए कहा था–**"संघ के हिन्दू राष्ट्र के महान लक्ष्य की पूर्ति**

से ही हिन्दू-स्थान का अभ्युदय सम्भव है। प्रत्येक हिन्दू युवक को संघ की शाखा पर आकर शस्त्र व शास्त्र का प्रशिक्षण प्राप्त करना चाहिए।"

सावरकर जी प्रत्येक हिन्दू नवयुवक को देश का एक सशस्त्र सिपाही बना देना चाहते थे, पर उनका यह सिपाही वेतनभोगी और भ्रष्टाचार में लिप्त, जनसाधारण को उत्पीड़ित करने वाला अंग्रेजी पुलिस वाला सिपाही न होकर देश-धर्म के लिए मर मिटने वाला और अपने देश की संस्कृति को मिटाने वालों को मिटाने के लिए संघर्ष करने वाला स्वयं सेवी सिपाही बन जाने वाला था। यह अवैतनिक होना था और आर. एस. एस. इस कार्य को करने के लिए आगे बढ़ चुका था। इसलिए सावरकर जी राष्ट्रीय स्वयं सेवक संघ के महान कार्य को लेकर स्वयं भी आनन्दित थे। यही कारण था कि उन्होंने 21 जून 1940 को डाक्टर हेडगेवार को श्रद्धांजलि अर्पित करते हुए कहा था–**"डॉ. हेडगेवार जी ने अपना अन्तःकरण पिघलाकर हिन्दू समाज में चैतन्य भरा। यद्यपि डाक्टर जी चले गये हैं, फिर भी हम सबको मिलकर प्रयत्नों की पराकाष्ठा करते हुए डाक्टर जी के संघ के महान कार्य को पूरा करना होगा।"**

इस प्रकार डॉ. हेडगेवार से 1925 ई. में जो पहली भेंट सावरकर जी की हुई वह एक अमिट छाप छोड़ गयी और दोनों नेता एक दूसरे के होकर रह गये।

मौलाना शौकत अली

सितम्बर 1924 ई. में सावरकर जी से मौलाना शौकत अली ने भेंट की थी। उसने अपने बुद्धि चातुर्य का परिचय देते हुए पहले तो सावरकर जी की भरपूर प्रशंसा की। पर फिर धीरे से **'शुद्धि कार्य'** को बन्द करने की बात कह दी। इस पर सावरकर ने उससे भी स्पष्ट कह दिया कि आप पहले मुल्ला मौलवियों द्वारा हिन्दुओं का धर्म परिवर्तन करवाना रूकवायें और खिलाफत आन्दोलन भी रूकवाइये, बाद में हम भी अपने कार्य पर विचार कर लेंगे। इस पर मौलाना ने खिलाफत आन्दोलन को आवश्यक बताया तो सावरकर ने पुनः स्पष्ट कर दिया कि–**"जब तक आप मुस्लिम पृथकतावादी आन्दोलन व हिन्दुओं का धर्म परिवर्तन जारी रखेंगे, तब तक आप हमें शुद्धि न करने का उपदेश किस मुंह से दे सकते हैं?"**

इस पर मौलाना ने मुसलमानों द्वारा भारत छोड़कर अन्य मुस्लिम देशों

में जाने की बात कह दी। वह समझता था कि सावरकर तेरी इस धमकी से सही मार्ग पर आ जायेंगे। पर सावरकर जी ने पुनः कह दिया कि **"आप पूरी तरह स्वतंत्र हैं। प्रतिदिन फ्रंटियर मेल भारत से बाहर जाती है। आप प्रतीक्षा क्यों करते हैं? तुरन्त भारत से बोरिया बिस्तर लेकर अलविदा हो जाइये।"**

इस पर मौलाना ने कहा कि आप मेरे सामने बहुत बौने (छोटे कद) हैं। मैं आपको दबोच सकता हूं। सावरकर फिर कड़क होकर बोले–

"मैं आपके चेलैंज को स्वीकार करता हूं। किन्तु क्या आप यह जानते हैं कि शिवाजी अफजल खां के सामने बहुत बौने थे परन्तु उस नाटे कद वाले मराठा ने कद्दावर पठान का पेट फाड़ दिया था।" इसके बाद मौलाना की बोलती बन्द हो गयी।

ऐसे थे अपने सावरकर। सिद्धान्तों से कोई समझौता नहीं। आगे खड़ी चुनौती चाहे चट्टान जैसी ही क्यों न हों–उसके सामने भी छाती को तानकर खड़े होने का दैवीय गुण उनमें था, जिसका लोहा उनके शत्रु भी मानते थे।

गांधी जी से भेंट

महात्मा गांधी 1927 तक भारत में कांग्रेस की विचारधारा की धुरी बन चुके थे। ब्रिटिश शासक उन्हें भारत का प्रतिनिधित्व करने के लिए प्रोत्साहित करते रहे। ऐसे कितने ही अवसर आये जब ब्रिटिश शासकों ने गांधी जी को अनावश्यक ही भारत की आवाज बनाने का प्रयास किया।

अन्यथा यह सत्य है कि गांधी जी ब्रिटिश सत्ता को उखाड़कर फेंकने के लिए अभी तक (1927 तक) तो कतई तैयार नहीं थे। उन्होंने कांग्रेस में रहकर कार्य करना भी इसीलिए उचित माना था कि यह संगठन भी उन्हीं की विचारधारा का था। कांग्रेस देर तक अपने ब्रिटिश सत्ताधीशों के लिए मंगल गीत गाती रही और भारत में उनके राज्य के चिरायुष्य की कामना करती रही। कांग्रेस के इसी मंच को धीरे-धीरे गांधी जी ने अपने नियंत्रण में ले लिया था।

यही गांधी जी 1927 ई. में रत्नागिरी में जाकर सावरकर जी से मिले। गांधी जी सावरकर जी की देशभक्ति और उनकी प्रतिभा से प्रभावित थे। इसलिए उन्होंने सावरकर जी की मुक्त कण्ठ से प्रशंसा की। गांधी जी ने अभी कुछ समय पूर्व ही खिलाफत आन्दोलन चलाया था। जिसमें वह मुस्लिम जगत के धर्म गुरू खलीफा को पुनः स्थापित कराने के लिए सरकार पर दबाव बनाना

चाहते थे। इसमें वह भारत सरकार से अपेक्षित सहयोग मांग रहे थे। गांधी जी के इस आन्दोलन ने उन्हें भारत में मुस्लिम तुष्टिकरण का जनक बना दिया था। जिससे सावरकर सहमत नहीं हो सकते थे। गांधी जी ने सावरकर से हुई अपनी भेंट में हिन्दू संगठन व शुद्धि आन्दोलन के उनके कार्यों पर प्रश्न उठा दिया। इससे पूर्व गांधी जी हिन्दू संगठन व शुद्धि आन्दोलन के प्रश्न पर आर्य समाज के महान नेता स्वामी श्रद्धानन्द जी के हत्यारे के प्रति अपनी पूर्ण सहानुभूति व्यक्त कर चुके थे। जो कि सावरकर जी सहित किसी भी राष्ट्रवादी नेता को अच्छी नहीं लगी थी। गांधी जी के मुंह से ऐसी बात सुनकर सावरकर ने कहा–**"भारत में मुसलमानों ने एक हाथ में कुरान व दूसरे में तलवार लेकर ही बलात् हिन्दुओं का धर्म परिवर्तन किया है, ऐसी स्थिति में उन हिन्दुओं को स्वधर्म से परिचित कराकर पुनः अपने धर्म में वापस लाना एक राष्ट्रीय कार्य है।"** उन्होंने गांधी जी को यह भी स्पष्ट कर दिया कि मुस्लिम लीग भारत में धर्मान्तरण की प्रक्रिया के माध्यम से संख्याबल बढ़ाकर इस हिन्दू देश की संस्कृति व धर्म को मिटा देने के कार्यों में लगी है। मुस्लिम लीग का उद्देश्य भारत को मुस्लिम राष्ट्र बना देना है।

गांधी जी मौन हो गये। उन्हें पता चल गया कि–

राष्ट्रवाद के मार्ग पर
खड़ा हुआ एक शूर।
भिड़ने वाले शख्स को
कर देगा चकनाचूर ॥

सावरकर जी **'भारतीय इतिहास के छह स्वर्णिम पृष्ठ'** के तृतीय भाग के पृष्ठ 4 पर लिखते हैं कि–**"सन् 700 के कालखण्ड के हमारे पूर्वजों की भावुक, दुर्बल नीति ने इस्लामी आक्रमण को खुला अवसर प्रदान किया। सांप को दूध पिलाने वाली, अतिरेकी, भोली भावना भरी, आत्मघातक तथा स्वधर्म रक्षण में असमर्थ उस नीति से विधर्मियों का सामना किया गया। भेड़िये से लड़ने के लिए भेड़ बकरी ने स्वयं अपनी गर्दन आगे रख दीं। इसका घातक परिणाम हम सबको भोगना पड़ा।"**

ऐसी स्पष्ट सोच वाले सावरकर को गांधी जी अपने मार्ग से हिला न सके। उन्होंने समझ लिया कि एक सुदृढ़ चट्टान से उनका पाला पड़ गया है। यह देखकर गांधी जी ने अपना मार्ग वैसे ही बदल लिया जैसे नदी के

बीचों-बीच खड़ी एक चट्टान को देखकर पानी अपना मार्ग बदल लेता है और उससे बचकर निकल जाता है।

सरदार भगत सिंह आये मिलने

सरदार भगतसिंह विदेशी सत्ता को भारत से उखाड़ फेंकने के लिए क्रान्तिकारी नीतियों के समर्थक थे। उन्होंने सावरकर जी से 1928 ई. में रत्नागिरी में जाकर भेंट की थी। उन्होंने सावरकर जी की 1857 की क्रान्ति पर लिखी गयी पुस्तक को बड़े मनोयोग से पढ़ा था। जिसने क्रान्तिकारी भगतसिंह के मन पर गहरा प्रभाव डाला था। जब वे अपने आदर्श सावरकर से मिले तो श्रद्धावश चरण स्पर्श कर प्रणाम किया। भगतसिंह के भीतर देशप्रेम की आग जल रही थी, उनका मचलता हुआ यौवन देश के बन्धनों को काट देने के लिए व्यग्र था। भारत के लोगों की दीन दशा उस क्रान्तिकारी युवा से अब और अधिक देखी नहीं जा रही थी। अतः जब सावरकर जी से भेंट हुई तो देश पर मर मिटने की सौगन्ध उठाने लगे। सावरकर जी को ऐसे युवकों की आवश्यकता तो थी परन्तु वह अन्धी देश भक्ति के भी विरूद्ध थे। वह युवाओं को शिवाजी के जीवन से सीख लेने की शिक्षा दिया करते थे। क्रान्तिवीर भगतसिंह के अतिरिक्त सुख देव, वासुदेव बलवन्त गोगटे व गणेश रघुनाथ वैशम्पायन जैसे कई क्रान्तिकारियों ने भी सावरकर जी से भेंट की और मार्गदर्शन लिया।

सावरकर जी की रत्नागिरि स्थानबद्धता के समय उनकी भेंट सेनापति बापट, राष्ट्रीय स्वयं सेवक संघ के संचालक डॉ. हेडगेवार, हिन्दू महासभा के नेता डॉ. मुंजे और प्रसिद्ध इतिहास लेखक श्री सर देसाई से भी हुई। ये लोग इस महान क्रान्तिकारी से मिलते रहे और राष्ट्रीय महत्व के मुद्दों पर चर्चा कर उनसे प्रेरणा लेते रहे। गहन चर्चाएं चलतीं तो कई मुद्दों पर समाधान भी निकलता जो आगे की रणनीति बनाने में सहायक होता था। उस समय तक हिन्दू महासभा को एक राजनीतिक दल न मानकर धार्मिक संगठन माना जाता था। सावरकर जी ने हिन्दू महासभा की ओर से मिलने आने वाले युवकों पर भी देश की राजनीति में बढ़-चढ़कर भाग लेने और राजनीति को भारत के अनुकूल बना देने का रंग चढ़ा दिया। यद्यपि इस संगठन में राष्ट्रवादी लोग प्रारम्भ से ही थे, पर जब सावरकर जी की प्रेरणा होने लगी तो इसमें और भी अधिक निखार आने लगा। रत्नागिरि में रहकर सावरकर जी ने जितना भी साहित्य लेखन किया उसने युवाओं में

देशभक्ति का संचार करने में महत्वपूर्ण भूमिका निभाई।

सावरकर जी 'हिन्दू संगठन' के माध्यम से हिन्दू समाज में बन गयी जातिवादी कृत्रिम दीवारों को गिराने के भी समर्थक थे। इसके लिए उन्होंने **'हिन्दुओं का एकता गीत'** लिखा था। वह कहते हैं।–**"हम सब हिन्दू मिलकर विशाल हिन्दू जाति रूपी सागर के बिन्दु बन जायेंगे और हिन्दू समाज की रक्षा करेंगे। हिन्दू जाति की यह नौका आगे चलाने के लिए हम ब्राह्मण, क्षत्रिय, वैश्य, शूद्र बिना किसी भेदभाव के एक साथ जुटे रहेंगे।"**

रत्नागिरी में रहते हुए भी सावरकर जी ने हिन्दू महासभा को कृपाण, स्वास्तिक, ओंकार व कुण्डलिनी से युक्त भगवा ध्वज प्रदान किया। इस प्रकार रत्नागिरि भी वह पवित्र स्थल बन गया था जहां से इस क्रान्तिवीर ने भारत माता की निरन्तर 13 वर्ष तक सेवा की। यहीं रहकर बड़ी सावधानी से वह देश के युवावर्ग का मार्ग दर्शन करते रहे। इन तेरह वर्षों में रत्नागिरि भारत के क्रान्तिकारियों और राष्ट्रवादी नेताओं की तीर्थ स्थली व युवावर्ग की प्रेरणा स्थली बन गयी थी। सारे देश के क्रान्तिकारी और राष्ट्रवादी लोग रत्नागिरी से असीम ऊर्जा लेते रहे। निरन्तर 13 वर्षों तक यहां से राष्ट्र आराधना करते-करते 1937 में सावरकर जी को 10 मई (10 मई 1857 की 80वीं वर्षगांठ के अवसर पर) को रिहा किया गया। उनको बाहर लाने में जमनादास मेहता और धन-जोशी कपूर का विशेष सहयोग रहा था। जिन्हें जब सरकार ने मंत्रिमण्डल में सम्मिलित होने का निमंत्रण दिया तो उसे उन्होंने सावरकर जी की रिहाई की शर्त पर स्वीकार किया था।

हिन्दू महासभा के नायक के रूप में

दूर क्षिजित पर उभरी रेखा
बना रही थी नायक।
विशाल शून्य की आकृति में
मिल गया एक विनायक ॥
आंचल से दूध पिलाने को
पुकारती मां भारती।
पूजा थाल लिए हाथों में
करती दिशायें आरती ॥

मां भारती की गोद चाहे खाली रह जाये पर इसकी कोख कभी खाली नहीं रहती। कहने का अभिप्राय है कि यहां सम्भावनाएं सदा जीवित रहती हैं और ये सम्भावनाएं ही होती हैं जो नेता की खोज सदा जारी रखती हैं। जैसे ही सम्भावनाओं को एक नायक मिलता है वैसे ही वे उसे भारत माता की गोद में सौंपकर सिंहासनारूढ़ कर देती हैं।

अब सम्भावना एक वास्तविकता बन जाती है। जिसे हम राष्ट्र मंदिर में राष्ट्रदेव के साथ खड़ी देखते हैं। इस राष्ट्र ने राष्ट्रदेव की पूजा करते हुए सदा राष्ट्र के मुख्य पुजारी (राजा, नायक या लोक सेवक) का सम्मान किया है।

वीर सावरकर को जैसे ही जेल से रिहा किया गया। वैसे ही भारत के राजनीतिक दलों में उन्हें अपने साथ लाने की होड़ सी मच गयी थी। कांग्रेस की ओर से पंडित जवाहर लाल नेहरू तथा सी. राजगोपालाचार्य ने उन्हें कांग्रेस के मंच पर लाने का प्रयास किया था। परन्तु कांग्रेस की नीतियों से सावरकर जी का प्रारम्भ से मतभेद रहा था, इसलिए कांग्रेस में सम्मिलित होने से उन्होंने स्पष्ट शब्दों में अपनी असहमति व्यक्त कर दी थी। इसी समय हिन्दू महासभा के नेता भाई परमानन्द जी ने भी क्रान्तिवीर सावरकर से हिन्दू महासभा के साथ आने के लिए प्रार्थना की। इस संगठन की नीतियों से सावरकर जी पूर्व से ही सहमत थे। अतः उन्होंने इस संगठन के साथ आने की अनुमति सहर्ष प्रदान कर दी। उन्हीं दिनों 30 दिसम्बर 1937 को हिन्दू महासभा का 19वां अधिवेशन कर्णावती (अहमदाबाद) में आहूत किया गया था। देवता स्वरूप भाई परमानन्द बड़े बुद्धिमान, विनम्र और दूरदर्शी नेता थे। उन्होंने कर्णावती अधिवेशन को ही सावरकर जी के हिन्दू महासभा में प्रवेश के लिए उचित और उपयुक्त माना। अतः उन्होंने सावरकर जी से हिन्दू महासभा के इस अधिवेशन की अध्यक्षता करने का अनुरोध किया, जिसे इस महानायक ने सहर्ष स्वीकार कर लिया।

हिन्दू महासभा में प्रवेश करते समय सावरकर जी ने कहा था–**"जब तक मेरे देह में रक्त की एक बूंद भी शेष है, मैं अपने को हिन्दू कहूंगा और हिन्दुत्व के लिए सदा लड़ता रहूंगा।"**

हिन्दू महासभा में प्रवेश करते समय सावरकर से इन्हीं शब्दों की अपेक्षा थी। आज वह एक नया इतिहास बना रहे थे और इतिहास को अपने आपको अति निकट से देखने का अवसर उपलब्ध करा रहे थे। दिशाओं में कौतूहल

था, परिवेश में कौतूहल था, सभा भवन में कौतूहल था। उस कौतूहल की चादर को स्वयं भाई परमानन्द जी ने यह कहकर फाड़ दिया था कि आज हमारे बीच एक महान देशभक्त तथा राजा उपस्थित हुए हैं। परमानन्द जी ने सावरकर जी का ऐसा परिचय देकर उन्हें अध्यक्ष की कुर्सी की ओर बढ़ने का निवेदन किया तो सभी उपस्थित प्रतिनिधियों ने जोरदार तालियों से उनका स्वागत किया। सारा परिवेश कौतूहल की चादर से बाहर निकल कर उज्ज्वल भविष्य की स्वर्णिम संभावनाओं को सावरकर जी के व्यक्तित्व में खोजने लगा और उसी के स्वर्णिम सपनों में खो गया। जब सावरकर जी ने बोलना आरम्भ किया तो एक-एक परत स्पष्ट होती गयी। उपस्थित प्रतिनिधियों को पता चलने लगा कि उन्होंने सावरकर जी के विषय में जैसा सुना था, वैसे ही हैं।

सावरकर जी ने अपने पहले भाषण में हिन्दू शब्द की नई परिभाषा दी। उन्होंने कहा था–

आसिन्धु सिन्धु पर्यन्ता यस्य भारत भूमिका।
पितृभूः पुण्यभूयश्चैव सर्ववै हिन्दूरीति स्मृतः ॥

अर्थात् वह प्रत्येक व्यक्ति हिन्दू कहे जाने योग्य हैं, जो इस सनातन देश भारत को अपनी मातृभूमि, पितृभूमि और पुण्यभूमि मानता है और इसको इसी रूप में पूजता है, अर्थात इसके प्रति भक्ति की भावना रखता है। यह परिभाषा बड़ी विस्तृत है। इसमें इस सनातन देश के सनातन इतिहास की झलक है, जिसके सनातन मूल्यों को मानने की अर्थात् इसे अपनी पुण्यभूः मानने की अविनार्य शर्त है, इतिहास नायकों को अपना पूर्वज मानकर उनके प्रति कृतज्ञ रहने की अनिवार्य बाध्यता है और अपनी भारत माता के प्रति सदा कृतज्ञ रहने का राष्ट्रबोध है। जो व्यक्ति इन बातों को स्वाभाविक रूप से अपनाता है, वह स्वयं ही हिन्दू है। जो ऐसा नहीं करता वह हिन्दू नहीं है। भारत में स्वाभाविक रूप से राष्ट्रभूमि के प्रति ऐसी ही भावना रखने की बड़ी पुरातन परम्परा रही है। इसलिए इस परिभाषा पर खरा उतरना कोई बड़ी बात नहीं है। हर भारतवासी इस परम्परा का पालक है। जो कोई इस परम्परा का पालक नहीं है, वह हिन्दू कहलाने का अधिकारी नहीं है। ऐसी मान्यता थी–हमारे नायक वीर सावरकर की।

इसी सम्मेलन में सावरकर जी ने कांग्रेस के द्वारा अधिवेशन में पारित किये गये इस प्रस्ताव को कि **'मुसलमानों को साथ लिए बिना स्वराज्य मिलना**

असम्भव है—नकार दिया। इस पर उन्होंने कहा था—"मुसलमानों! यदि तुम साथ आते हो तो तुम्हें साथ लेकर, यदि तुम नहीं आते हो, तो अकेले ही और यदि तुम हमारा विरोध करोगे तो तुम्हारे विरोध को कुचलते हुए हम हिन्दू देश की स्वाधीनता का युद्ध लड़ते रहेंगे।"

वास्तव में कुछ मुस्लिम नेताओं ने प्रारम्भ से ही भारत विभाजन की मानसिकता को लेकर राजनीति में कदम रखा था। वे भारत में रहते हुए भी भारत के विरोध में बोलते थे और कांग्रेस को अपनी शक्ति का अनुभव करा के देश के टूट जाने का डर दिखाते थे। इससे कांग्रेस भय खाती और उनका तुष्टिकरण करते हुए उन्हें उनका अधिक मूल्य देने को तैयार हो जाती थी। सावरकर की मान्यता थी कि हिन्दू समाज को इतना प्रबल होना चाहिए कि वह अपनी स्वतंत्रता को स्वयं प्राप्त कर सके। मुस्लिम उसमें सहयोग करें तो ठीक है, अन्यथा उनके बिना भी स्वतंत्रता प्राप्त करने को और फिर स्वतंत्रता मिलने पर उसकी रक्षा करने हेतु हिन्दू समाज को तत्पर रहना चाहिए।

मुस्लिम नेताओं ने **'वन्देमातरम्'** का विरोध करना आरम्भ किया तो कांग्रेस उस पर भी झुक गयी और इस गीत के तथाकथित आपत्तिजनक अंशों को हटाने या काटने पर सहमति दे दी। तब मुस्लिम नेताओं ने **'वन्देमारतम्'** शब्द पर भी आपत्ति करनी आरम्भ कर दी। इस पर सावरकर जी ने कहा था—

"मुसलमानों ने मुस्लिम लीग की लखनऊ की बैठक में जो उर्दू को राष्ट्रभाषा बनाने का प्रस्ताव पास किया है, वह घोर साम्प्रदायिक घृणा पर आधारित है। मुसलमानों को वन्देमारतम् का राष्ट्रगीत भी असहय हो गया है। हिन्दू मुस्लिम एकता के लिए चिन्तित कांग्रेसियों ने मुसलमानों को प्रसन्न करने के लिए 'वन्देमातरम्' को काट छांट भी दिया किन्तु वह 'वन्देमातरम्' इस शब्द को भी स्वीकार नहीं करते। यह बात हिन्दुओं को अच्छी तरह समझ लेनी चाहिए कि मुसलमानों की इस कुचाल का कारण केवल यही है कि हिन्दुओं को ही हिन्दू मुस्लिम एकता रूपी पिशाच दीपिका के पीछे पड़ने की लगन लगी हुई है। जिस दिन हमने मुसलमानों के मन में यह भ्रम पैदा कर दिया कि उनके सहयोग दिये बिना स्वराज्य का मिलना असम्भव है, उसी दिन से उन्होंने हमारे सिर पर चढ़ना आरम्भ कर दिया है।"

सावरकर ने 1857 की क्रान्ति के गढ़ रहे कई ऐतिहासिक नगरों की यात्रा की और लोगों को अपने ओजस्वी भाषणों के माध्यम से उन नगरों की

ऐतिहासिकता का बोध कराया।

इन नगरों में कानपुर, बाराबंकी, लखनऊ, फैजाबाद आदि प्रमुख थे। इसी श्रृंखला में वह आगरा पहुंचे। यहां उन्होंने शिवाजी महाराज की औरंगजेब से हुई भेंट के स्थान को देखा। इसी प्रकार लाहौर में जाकर पंजाब केसरी लाला लाजपतराय की प्रतिमा पर फूलमालाएं चढ़ायीं, अमृतसर में स्वर्ण मन्दिर के दर्शन किये। तत्पश्चात् अजमेर, ग्वालियर, जोधपुर आदि का दौरा करते हुए सिन्ध की ओर चले गये।

देश की मिट्टी बोल रही थी
अपने उस सैनिक मतवाले को।
महानायक की पदवी देकर
स्वाभिमानी मस्तक वाले को ॥
सब ओर स्वागत होता था
और होती थी जय जयकार।
मानो वर्षों बाद राजगृह में
आया हो कोई राजकुमार ॥

देश के लोगों ने अपने महानायक का राजकुमारों जैसा स्वागत सर्वत्र किया। सावरकर जी ने बचपन में ही 1857 के महान क्रान्तिकारियों के स्थलों को देखने का सपना पाला था। वह अब जाकर यदि पूर्ण हो रहा था तो वह उनके लिए अत्यन्त महत्वपूर्ण था। अपने इसी सपने को पूर्ण करने के लिए वह मेरठ जाना भी नहीं भूले थे जो कि उन दिनों क्रान्ति का गढ़ बन गया था। मेरठ में यद्यपि उन पर मुस्लिम लीग और अंग्रेजों ने मिलकर हमला भी कराया, जिसमें कई लोग मारे गये थे। परन्तु शत्रु को हमारे इस क्रान्तिनायक का बाल भी बांका करने का अवसर उपलब्ध नहीं हो पाया।

अध्याय–7

हैदराबाद आन्दोलन

उन दिनों हैदराबाद का निजाम अपनी हिन्दू प्रजा पर कठोरतापूर्वक शासन कर रहा था। यद्यपि वहां की कुल जनसंख्या में अधिसंख्य हिन्दू था। परन्तु शासक के मुस्लिम होने के कारण शासन में बैठे सभी लोग हिन्दू जनता पर बड़े भारी अत्याचार करते थे। उन्हें अपने मन्दिरों में पूजापाठ करने तक का अधिकार नहीं था। मन्दिरों में घण्टियां बजनी बन्द करा दी गयी थीं। इस प्रकार से हिन्दू के लिए उत्पीड़नात्मक परिस्थितियां उत्पन्न कर दी गयी थीं। ऐसे में वहां हिन्दू लोगों का जीवन कठिन हो गया था। हिन्दू को यज्ञोपवीत धारण करने का भी अधिकार नहीं था। रामायण महाभारत की कथाएं कहने-सुनने पर प्रतिबन्ध लगा दिया गया। तब आर्य समाज ने निजाम के अत्याचारों के विरूद्ध आवाज उठाई। यद्यपि आर्य समाज मूर्तिपूजा के विरूद्ध था, परन्तु यहां अपने पौराणिक भाइयों के साथ वह अपने आप को सर्वप्रथम बलिदान करने के लिए मैदान में आ डटा। उसे अपने सैद्धान्तिक मतभेद त्यागने में कोई देरी नही लगी।

1938 के दिसम्बर माह में आर्य समाज ने शोलापुर में सारे देश के आर्यसमाजियों का एक विशाल सम्मेलन किया। इस सम्मेलन की अध्यक्षता बापू जी अणे द्वारा की गयी थी। जबकि इसके संयोजक महात्मा नारायण स्वामी सरस्वती जी थे। इस सम्मेलन में नवाब हैदराबाद की तानाशाही के विरूद्ध आवाज बुलन्द की जानी थी और उसके अत्याचारों से हिन्दुओं को कैसे बचाया जाये? यह भी निश्चित करना था। राष्ट्र धर्म के इस महान कार्य की जानकारी सावरकर को जैसे ही हुई, उन्होंने शोलापुर पहुंचने में कोई देरी नहीं की। शोलापुर के इस आर्य महासम्मेलन में बड़ी संख्या में देश के आर्य लोगों ने और राष्ट्रभक्तों ने अपनी उपस्थिति दर्ज करायी थी। सावरकर जी ने इस सम्मेलन में बड़ा ओजस्वी भाषण दिया था, और आर्य समाज के नेताओं को

यह आश्वासन दिया था कि वे इस महान कार्य में अपने आपको अकेला न समझें, हिन्दू महासभा सदा उसके साथ है। इस सम्मेलन में 22 जनवरी 1939 को समस्त भारतवर्ष में निजाम विरोधी दिवस मनाने का निर्णय लिया गया।

निजाम विरोधी इस आन्दोलन में आर्य समाज व हिन्दू महासभा के लोगों ने बड़ी संख्या में गिरफ्तारियां दीं और जेल यात्राएं कीं। आम हड़तालें रखी गयीं। जलसे-जुलूस निकाले गये।

उन दिनों हैदराबाद की कुल जनसंख्या 230 लाख थी जिसमें से 205 लाख हिन्दू थे, और 25 लाख मुसलमान थे। ये 25 लाख 205 लाख हिन्दुओं पर भारी पड़ रहे थे। क्योंकि सरकार में इनका ही वर्चस्व था। राजपत्रित सरकारी कर्मचारियों में 244 हिन्दू थे और 868 मुलसमान थे। अराजपत्रित सरकारी कर्मचारियों में 16094 हिन्दू थे और 60223 मुसलमान थे। सेना और पुलिस में 5929 हिन्दू थे और 54288 मुसलमान थे। ये आंकड़े हमने यहां पर इसलिए दिये हैं जिससे कि निजामशाही का हिन्दुओं के प्रति पक्षपात स्पष्ट किया जा सके।

जब आर्य महासम्मेलन (कांग्रेस) शोलापुर सम्पन्न किया गया तो वहां पर एक प्रस्ताव पारित कर निजाम से अपने अत्याचारों पर रोक लगाने को कहा गया था। ऐसा ही एक प्रस्ताव सावरकर जी की हिन्दू महासभा ने नागपुर अधिवेशन में पारित किया था। इनके आधार पर सावरकर जी ने एक पत्र निजाम हैदराबाद के प्रधानमंत्री अकबर हैदरी के लिए भेजा। उसमें लिखा था—**"मैं नागरिक अधिकारों की सुरक्षा की मांग करता हुआ आपके माध्यम से माननीय निजाम साहब को यह विश्वास दिलाता हूं कि हिन्दू महासभा के इस आन्दोलन का उद्देश्य न तो निजाम विरोधी है, न निजाम स्टेट अथवा न ही मुस्लिम समुदाय के विरूद्ध है। हिन्दू महासभा यदि विरोधी है तो वह इस स्टेट में हो रहे हिन्दू विरोधी अभियान के हैं, जिसके कारण इस राज्य में हिन्दुओं को भी मुसलमानों की भांति समान रूप से अधिकारों का उपभोग करने की स्वतंत्रता प्राप्त हो। जैसे भाषण देने की स्वतंत्रता, पूजा करने की स्वतंत्रता, सरकारी नौकरियों में नियुक्ति के लिए निष्पक्षता पूर्वक व्यवहार स्टेट की नौकरियों में नियुक्ति के समय योग्यता का ध्यान दिया जाये न कि धर्म अथवा समुदाय का। हिन्दू महासभा इसके अतिरिक्त और कुछ भी मांग नहीं करती है।"**

प्रधानमंत्री हैदरी ने सावरकर जी के इस पत्र का उत्तर 15 मार्च 1939 को दिया। पत्र में इस बात पर प्रसन्नता प्रकट की गयी कि हिन्दू महासभा का आन्दोलन किसी समुदाय या निजाम स्टेट के विरूद्ध नहीं है। प्रधानमंत्री ने इस बात पर भी सहमति व्यक्त की कि सरकारी नौकरियों में नियुक्ति का आधार योग्यता हो न कि धर्म अथवा सम्प्रदाय। प्रधानमंत्री ने कहा कि हमारी नीतियां वर्तमान में ऐसी ही हैं। आपको तथ्यों से दिग्भ्रमित किया गया है।

प्रधानमंत्री ने लिखा कि इस सबके उपरान्त भी जो भी सम्भव होगा, वे सुधार किये जाएंगे। **"ऐसी आशा की जाती है कि उसे कुछ माह में पारित किया जायेगा। जिसमें किसी भी समुदाय के साथ कोई अन्याय नहीं होगा। जिससे हिन्दू अथवा मुसलमान अथवा कोई अन्य समुदाय किसी नियम या कानून का विशेषाधिकारी नहीं होगा, बल्कि पूरे राज्य में किसी धर्म विशेष या समुदाय को महत्व दिये बिना सबको समान रूप से ध्यान में रखा जायेगा।"**

वीर सावरकर ने हिन्दू महासभा के नागपुर अधिवेशन में अपना ओजस्वी भाषण दिया। जब हैदराबाद की निजामशाही के विरूद्ध बंगाल के खुलना में प्रस्ताव पारित कराया था तो उस सभा में श्यामा प्रसाद मुखर्जी भी उपस्थित थे। उन्होंने वीर सावरकर का ओजस्वी भाषण सुना था, और उसे सुनकर ही वह हिन्दू महासभा में आ गये थे।

अब जिस प्रकार निजाम के प्रधानमंत्री ने सावरकर जी को पत्र का उत्तर दिया उससे लगा कि निजाम शाही हिन्दू शक्ति से भिड़ने के स्थान पर समाधान का रास्ता अपनाना चाहती थी। खुलना की हिन्दू परिषद में वीर सावरकर की प्रेरणा से हैदराबाद आन्दोलन के लिए एक जत्था भेजा गया। अन्त में निजाम हैदराबाद को झुकना पड़ा, और उसने आर्य समाज की मांगों को मान लिया। आर्य समाज की मांग थी कि आर्य समाजों (मन्दिरों), यज्ञशालाओं और हवनकुण्डों के निर्माण के लिए सरकार की अनुमति आवश्यक नहीं, राज्य से बाहर के आर्य समाजी, उपदेशकों को राज्य में आने और धर्म प्रचार से रोका न जाये, आर्य समाज की धार्मिक तथा सांस्कृतिक गतिविधियों तथा भाषणों पर प्रतिबन्ध हटाया जाये, जिन आर्य समाजों पर झूठे मुकद्दमे चलाये गये हैं, उन्हें वापस लिया जाये तथा आर्य समाजी बन्दियों को तुरन्त रिहा किया जाये, आर्य समाजी साहित्य की जब्ती के लिए पारित आदेश वापस लिया जाये, आर्यसमाजी विद्वानों तथा प्रचारकों को दिये गये निर्वासन के आदेश वापस लिये जायें।

आर्य समाजों को वार्षिकोत्सव और नगर कीर्तन करने की छूट प्रदान की जाये, आर्य समाज को राज्य के धर्म विभाजन के अधीन न रखा जाये। आर्य समाजी शिक्षण संस्थाओं और सांस्कृतिक संस्थाओं को अपना कार्य करने की स्वतंत्रता प्रदान की जाये व आर्य समाज के हिन्दी और संस्कृत के प्रसार कार्य में बाधा न डाली जाये।

हैदराबाद आन्दोलन को गांधी जी ने हिन्दू महासभा और आर्य समाज का साम्प्रदायिक आन्दोलन कहा था। इसलिए उनकी कांग्रेस ने इस आन्दोलन से दूरी बना ली थी। हैदराबाद आन्दोलन में अनेकों हिन्दू वीरों ने अपना बलिदान दिया। परन्तु एक दिन आया कि जब उनका बलिदान रंग लाया और क्रूर निजामशाही ने पेट के बल लेट कर हमारे शहीदों को प्रणाम किया। बलिदानी भाषा निश्चय ही एक दिन आततायी को झुकने के लिए विवश कर देती हैं। हैदराबाद आन्दोलन से एक बार फिर यह सिद्ध हो गया था।

गांधी को किया निरूत्तर

गांधी जी ने हैदराबाद आन्दोलन को हिन्दू महासभा और आर्य समाज का साम्प्रदायिक आन्दोलन कह तो दिया था परन्तु इस वक्तव्य पर उनकी आलोचना बड़ी हुई। लोगों को लगा कि गांधीजी में सत्य को सत्य कहने का साहस नहीं है। हिन्दुओं के विषय में तो यह सर्वथा स्पष्ट हो ही गया कि यदि मुसलमान कहीं हिन्दू पर अत्याचार कर रहा होगा तो गांधी जी हिन्दू हित में कभी नहीं बोलेंगे। हैदराबाद के आन्दोलन में जब उनके दिये गये वक्तव्य पर लोगों ने विरोध प्रदर्शनों व लेखों के माध्यम से गांधी जी की खाल खींचनी आरम्भ की तो उन्हें कुछ शर्म आयी। तब कहने लगे कि मैंने तो यह अपयश से बचने के लिए कह दिया था। स्पष्ट है कि यदि गांधी जी हैदराबाद आन्दोलन में हिन्दू महासभा और आर्य समाज के पक्ष में बोलते तो उन्हें मुसलमानों और ईसाइयों में अपयश मिलता। जिसे वह नहीं चाहते थे। कहने का अभिप्राय है कि उन्हें मुसलमानों और ईसाइयों की मिलती रहने वाली सहानुभूति कहीं अधिक प्रिय थी, अपेक्षाकृत हिन्दू समाज पर हो रहे उत्पीड़न पर, सत्य को सत्य कहने के। गांधी जी ने कहा–**"धार्मिक स्वतंत्रता के लिए चलाए गए आन्दोलन से तो मुझे सहानुभूति है, किन्तु हिन्दू महासभा द्वारा आन्दोलन में कूद पड़ने से यह साम्प्रदायिक हो गया है।"**

हिन्दू महासभा के राष्ट्रवाद को सम्प्रदायवाद के साथ जोड़ने की कुप्रवृत्ति का कुसंस्कार कांग्रेस पर आज तक हावी है। गांधी जी के ऐसे वक्तव्यों ने हिन्दू विरोध की राजनीति को भारत में धर्मनिरपक्षता की राजनीति कहे जाने का प्रचलन बढ़ाया। जब गांधी जी के उपरोक्त वक्तव्य पर सावरकर जी व डॉ. मुंजे का ध्यान गया तो उन्होंने इस पर अपनी प्रतिक्रिया देते हुए कहा–**"गांधी जी बतायें कि 'वन्देमातरम्' को सहन न करने वालों, हिन्दी भाषा का विरोध करने वालों एवम् स्वाधीनता संग्राम में योग न देने की धमकी देने वालों की चापलूसी करना, उन्हें सिर पर चढ़ाना क्या बड़ी भारी धर्मनिरपेक्षता व न्याय है? क्या वह साम्प्रदायिकता का पोषण करना नहीं है?"**

इस प्रकार के उत्तर देकर सावरकर जी व डॉ. मुंजे ने गांधी जी का निरूत्तर कर दिया था।

अध्याय–8

अन्य राजनीतिक गतिविधियां

1937 ई. में स्थानबद्धता से छूटने के पश्चात सावरकर जी की राजनीतिक गतिविधियां बढ़ने लगीं। भाई परमानन्द जी जैसे दूरदर्शी और बुद्धिमान नेताओं ने उन्हें हिन्दू महासभा का नेतृत्व देकर इन गतिविधियों को और बढ़ाने में ही सहयोग दिया। हिन्दू महासभा का नेतृत्व करने से सावरकर जी देश के बहुसंख्यक समाज के सर्वमान्य नेता बन गये थे। उनकी लोकप्रियता उस समय देश के किसी भी बड़े से बड़े नेता से कहीं आगे थी। उनकी संघर्षशील प्रवृत्ति और राजनीति में रहकर स्पष्टवादी होने के गुण ने उन्हें लोगों का चहेता बना दिया था। उनकी लोकप्रियता के सामने कांग्रेस उस समय बहुत पीछे थी। इसलिए यह नहीं मानना चाहिए कि पं. नेहरू व सी. राजगोपालाचार्य के शांति सम्मेलन के प्रस्ताव को ठुकराकर सावरकर ने कोई चूक कर दी थी। वस्तुस्थिति यह थी कि उस समय कांग्रेस उनके व्यक्तित्व से छोटी थी। वह जहां जाते वहीं चमन खिल जाता था। दूसरे इस बात का क्या विश्वास था कि कांग्रेस में जाने पर उनके साथ स्वामी श्रद्धानन्द और नेताजी सुभाष चन्द्र बोस जैसा व्यवहार न होता?

ऐसी परिस्थितियों और राजनीतिक व्यस्तताओं के मध्य सावरकर को 9 अक्टूबर 1939 को गवर्नर जनरल लॉर्ड लिन लिथगो ने ससम्मान बुलाया। इन दोनों नेताओं की दिल्ली में भेंट हुई। लॉर्ड ने उनसे विश्वयुद्ध के विषय में उनकी नीति स्पष्ट करने को कहा तो सावरकर बोले–**"मैं एक क्रान्तिकारी होने के नाते, सैनिकीकरण को देशहित में समझता हूं। सीमाओं पर, देश में सिख, गोरखा व अन्य हिन्दुओं की सैन्य टुकड़ियां रहने से ही हिन्दुओं का हित सम्भव है।"**

सावरकर जी ने लॉर्ड लिनलिथगो के सामने न तो कोई संकोच किया और न ही बात को घुमा-फिराकर कहने का नाटक किया। उन्होंने सीधे प्रश्न

का सीधा उत्तर दिया जिसे सुनकर लॉर्ड लिनलिथगो प्रभावित हुए। उन्होंने पत्रकारों से वार्त्ता करते हुए कहा था–**"अण्डमान में अनेक वर्षों तक बन्दी रहने के बाद भी सावरकर का न तेज कम हुआ है, और न उनके विचार ही किंचित मात्र भी परिवर्तित हुए हैं। युद्ध के प्रश्न पर वह भारतीय हित को आगे रखकर विचार करते हैं।"**

राजनीति में कूटनीति का तकाजा भी यही होता है कि आप राष्ट्रहित को ध्यान में रखकर बोलेंगे। राजनीति में कूटनीति की बिसात में थोड़ी सी चूक होते ही व्यक्ति के राष्ट्रहित प्रभावित हो जाते हैं। जो लोग अंग्रेजों के सामने राष्ट्रहित पर या तो मौन रहे या मौन कर दिये गये–उन लोगों ने राष्ट्रहित का सौदा किया पर सावरकर ने लॉर्ड लिन लिथगो को एक ही बार में स्पष्ट कर दिया कि वे राष्ट्रहित का सौदा करने वालों में से नहीं हैं।

राष्ट्रहित सबसे बड़ा
इससे बड़ा न कोय।
जो इसका सौदा करे
राष्ट्रविरोधी होय ॥

सावरकर जी हिन्दू महासभा के लिए आवश्यक हो गये थे। इस राष्ट्रवादी संगठन के लिए ऐसे ही स्पष्टवादी राजनेता की आवश्यकता थी। यही कारण रहा कि 1939 में जब अखिल भारत हिन्दू महासभा का कलकत्ता अधिवेशन हुआ तो उसमें सावरकर जी को तीसरी बार भी अध्यक्ष चुन लिया गया। इस अधिवेशन में हिन्दू राष्ट्र नेपाल के महाराजा भी उपस्थित हुए थे। उन्होंने महाराजा के स्वागत में कहा था–**"हिन्दू राष्ट्र नेपाल पर प्रत्येक हिन्दू को गर्व है। नेपाल स्वतंत्र हिन्दू राष्ट्र के रूप में हमारा सीमा प्रहरी है। भारत व नेपाल दोनों की संस्कृति हिन्दू है, राष्ट्र हिन्दू है। दोनों को एक ही माता के दो पुत्रों की भांति रहना चाहिए, तभी दोनों का हित है।"**

इस समय तक पाकिस्तान की सुगबुगाहट तेज होने लगी थी। कांग्रेस और गांधी जी इस पर मौन थे। उनकी मौन आहुति आग में घी का काम कर रही थी। इसलिए आग तेजी से बढ़ रही थी। सावरकर जी इस फैलती व बढ़ती आग को लेकर चिन्तित थे। तब उन्होंने मद्रास में एक जनसभा को सम्बोधित करते हुए कांग्रेस की अहिंसा की धज्जियां उड़ाते हुए उसे स्पष्ट शब्दों में चेताया–**"अहिंसा के ठेकेदार बने कांग्रेसी मुस्लिम साम्प्रदायिकता से गठजोड़**

करके जो पाकिस्तान बनाने का षड़्यन्त्र रच रहे हैं, यह हिन्दुस्तान के इतिहास में एक भारी कलंक सिद्ध होगा। देश के प्रत्येक हिन्दू को पाकिस्तान की मांग का डट कर विरोध करने के लिए तत्पर रहना चाहिए।"

"डटकर करो मुकाबला
देश न बंटने पाय।
अहिंसा तेरा नाश हो
डूब कहीं मर जाय।"

सावरकर जी ने 1939 में हिन्दुओं को सेना में अधिकाधिक भरती होने की प्रेरणा दी। उस समय द्वितीय विश्वयुद्ध प्रारम्भ हो चुका था। ऐसे में उपनिवेश भारत की सुरक्षा को लेकर ब्रिटिश सरकार उतनी चिन्तित नहीं थी जितना कि उसे होना चाहिए था। अतः देशहित में हिन्दू को सेना में जाना चाहिए था। क्योंकि देश की वास्तविक चिन्ता हिन्दू को ही हो सकती थी। सावरकर जी ने हिन्दू महासभा के तेजस्वी नेता डॉ. मुंजे को साथ लेकर देश का भ्रमण किया और हिन्दुओं के सैनिकीकरण की बात लोगों को समझाई।

कांग्रेस इस समय अंग्रेजों के साथ खड़ी थी। वह अपने देश के अपमान को धोकर उसे सम्मानित राष्ट्र का दर्जा दिलाने के लिए संघर्ष कर रहे हिटलर को उसी दृष्टिकोण से देखती थी जिससे उसे ब्रिटेन देखता था। हिन्दू महासभा ने कांग्रेस के इस दृष्टिकोण की निन्दा की। इसने एक प्रस्ताव पारित किया और ब्रिटिश फ्रांस गुट को भी साम्राज्यवादी बताया। यह बात तर्कसंगत भी थी जो सभी को दिखाई दे रही थी। जबकि कांग्रेस एक साम्राज्यवादी शासक अर्थात ब्रिटिश सत्ताधीशों को लोकतांत्रिक होने का प्रमाण पत्र दे रही थी। कांग्रेस की यह नीति सावरकर जी को सर्वथा अस्वीकार्य थी।

हिन्दू महासभा ने अपने प्रस्तावों में कहा—**"हमें अपने देश की स्वाधीनता के हित को दृष्टि गत रखते हुए ही नीति निर्धारित करनी चाहिए। इस दृष्टि से आज हिन्दुस्तान की रक्षा के लिए और स्वराज्य की आकांक्षाएं पूर्ण करने के लिए जो अत्यन्त उपयुक्त और व्यावहारिक साधन होने वाला है वह सैनिकीकरण का आन्दोलन ही है। इसलिए ब्रिटिश भारतीय सेना में हिन्दुओं को अधिकाधिक संख्या में सम्मिलित होना चाहिए। हिन्दू यूरोपीय युद्ध क्षेत्र में लड़ने की शिक्षा लें और शस्त्र सुसज्जित हों।"**

जो व्यक्ति 1857 की क्रान्ति को भारत का सशस्त्र स्वतंत्रता संग्राम

सिद्ध करने वाला रहा हो, वह भला किसी के लाठी डण्डों से क्या डरने वाला था? इसलिए सावरकर जी ने हिन्दू को शस्त्र सज्जित होकर राष्ट्र की सेवा करने के लिए सेना में भर्ती होने का आवाहन किया। उनके भाषणों का जनमानस पर सीधा प्रभाव पड़ता था। इसलिए उन्हें शान्त करने के लिए लॉर्ड लिन लिथगो ने जब उन्हें पुनः बुलाया तो सावरकर जी ने उनसे भी स्पष्ट कह दिया था कि–**"आपको ब्रिटिश सत्ता के हित की दृष्टि से भारतीय सेना की आवश्यकता पड़ती है। जबकि हम हिन्दू व हिन्दुस्तान के हित को देखते हुए अधिकाधिक हिन्दुओं की भर्ती को उपयुक्त समझ रहे हैं। भारतीय सेना में हिन्दुओं को 'कमीशन' नहीं मिलते यह प्रतिबन्ध हटाया जाये। कुछ हिन्दू जातियों पर असैनिक होने का आरोप है उसे रद्द किया जाये, तथा प्रत्येक हिन्दू को सेना में प्रवेश की छूट मिलनी चाहिए।"**

सावरकर जी का यह दृष्टिकोण पूर्णतः देशहित में था। शत्रु को उसी समय अपनी मांग मनवाने के लिए बाध्य किया जाना चाहिए जब वह सबसे अधिक कष्ट में हो, और उसे आपकी सहायता की आवश्यकता अनुभव हो रही हो। यदि आप उस समय सांप को दूध पिलाने के लिए 'कसोरा' ढूंढते रह गये तो आप अपने हितों के कभी रक्षक नहीं हो सकते। जैसा कि उस समय कांग्रेस कर रही थी। ब्रिटिश सरकार भारतीय सैनिकों को पूर्व में अपनी आवश्यकता की पूर्ति के लिए भर्ती तो करती रही थी पर अवसर निकलते ही उन्हें बाहर का रास्ता दिखा देती थी। इसका अभिप्राय था कि मरने व कटने के लिए तो भारतीय हिन्दू सैनिक थे और राज भोगने के लिए ब्रिटिश कमीशन प्राप्त अधिकारी थे। प्रथम विश्व युद्ध में ब्रिटिश लोग ऐसा कर चुके थे। यही कारण था कि अब सावरकर जी ने ब्रिटिश वायसराय के सामने अपनी स्पष्ट सोच रख दी। सावरकर जी ने वायसराय के सामने अपनी बात रखी तो वायसराय ने भी उनकी मांगों को पूर्ण करने का आश्वासन उन्हें दिया। इसका अभिप्राय था कि ब्रिटिश वायसराय ने भारत के इस क्रान्तिकारी नेता की मांगों को न्याय संगत माना।

अध्याय–9

जिन्ना ने सावरकर को हिन्दुओं का नेता कहा

नेताजी सुभाषचन्द्र बोस ने 22 जून 1940 को वीर सावरकर से भेंट की थी। उससे पूर्व वे बम्बई में जिन्ना से भी मिले। अपनी भेंट के समय सुभाषचन्द्र बोस ने मुस्लिम लीगी नेता जिन्ना से हिन्दू-मुस्लिम एकता की बात कही। इस पर जिन्ना ने उनसे सीधे शब्दों में पूछ लिया कि आप मुझसे बात करने के लिए किसकी ओर से आये हैं? इस पर नेताजी ने कहा कि मैं कांग्रेस की ओर से उनसे बात कर रहा हूं। तब जिन्ना ने कहा कि–**"किन्तु आपको तो कांग्रेस ने निष्कासित किया हुआ है।"** नेताजी ने कहा कि–**"तो फारवर्ड ब्लाक की ओर से समझ लीजिए।"** इस पर जिन्ना ने पूछा–**"क्या फारवर्ड ब्लाक अपने आपको हिन्दुओं की संस्था मानता है?"**

नेताजी ने कहा–**"नहीं, किन्तु मैं एक हिन्दू के रूप में आपसे हिन्दू मुस्लिम मैत्री के सम्बन्ध में बात करना चाहता हूं?"**

तब जिन्ना ने नेताजी से कहा–**"हिन्दुओं के नेता इस समय सावरकर जी हैं। आप उन्हें बातचीत के लिए तैयार करें। हिन्दुओं की तरफ से वार्ता के सच्चे अधिकारी वे ही हैं। व्यर्थ ही आपसे चर्चा का क्या लाभ?"**

सावरकर जी के विषय में जिन्ना की यह टिप्पणी उस समय के भारत में सावरकर जी की स्थिति को स्पष्ट करने वाली है। जिन्ना ने कभी भी गांधी जी को इस देश की मूल चेतना का प्रतिनिधि नहीं कहा।...और गांधीजी वह थे भी नहीं। मूल चेतना का अभिप्राय किसी बनावटी या थोपी गयी लोकप्रियता से नहीं है, यदि ऐसा होता तो नेताजी के सामने पट्टाभि सीतारमैया को चुनाव में गांधी जी निश्चय ही जिता लेते और उन्हें यह नहीं कहना पड़ता कि सीता रमैया की हार मेरी व्यक्तिगत हार है। इसके विपरीत मूल चेतना का प्रतिनिधि हो जाने का अर्थ है देश की सदियों पुरानी संस्कृति की रक्षार्थ सशस्त्र क्रान्ति के लिए सदा तत्पर रहना और शत्रु के सामने राणा प्रताप या शिवाजी बनकर

खड़े हो जाना। जिसके भीतर ये गुण होंगे वह स्वाभाविक रूप से क्रान्तिनायक व राष्ट्रनायक बन जाता है। जिन्ना ने यह समझ लिया था कि सावरकर जिस रास्ते पर हैं–वह उन्हें इस देश के बहुसंख्यक का नेता घोषित कराने के लिए पर्याप्त है।

सुभाष के प्रेरणा स्रोत सावरकर

नेता जी सुभाष चन्द्र बोस ने 22 जून 1940 को 'सावरकर सदन' में जाकर सावरकर जी से भेंट की। उस समय नेताजी कलकत्ता में हॉलवेल व अन्य अंग्रेजों की मूर्तियों को तोड़ने व उखाड़ने की योजना बना रहे थे। स्पष्ट था कि यदि वह ऐसा करते तो ब्रिटिश सरकार उन्हें उठाकर जेल में डाल देती और उनका ऊर्जावान यौवन वहीं समाप्त हो जाता। इससे देश को लाभ के स्थान पर हानि ही होती, क्योंकि एक क्रान्तिकारी और ऊर्जावान नेता अपनी चूक से अंग्रेजों की जेल में सड़ रहा होता।

जब सावरकर ने नेताजी के मन्तव्य को सुना व समझा तो वे बोले कि–**"चालू महायुद्ध के संकट में जब ब्रिटेन फंसा है, उस समय कलकत्ता में हॉलवेल की मूर्ति उखाड़ने के अत्यन्त साधारण आन्दोलन के कारण आपके समान तेजस्वी व समर्थ नेता अंग्रेजों की जेल में सड़े–यह मैं उचित नहीं समझता।"**

सावरकर जी ने नेताजी को बताया कि सच्ची राजनीति है स्वयं बचते हुए शत्रु को दबोचे रखना। **आप भले ही सक्रिय सशस्त्र क्रान्तिकारी न हों किन्तु आपकी मनोवृत्ति क्रान्तिकारी से कम नहीं है। आप तेजस्वी हैं और अहिंसा आदि के भ्रम से दूर रहने वाले हैं। इसीलिए गांधी जी से आपकी पटती नहीं है। मैंने हिन्दू महासभा की ढाल के नीचे ब्रिटिश भारतीय सेना में अधिकाधिक हिन्दुओं की भर्ती के लिए जो आन्दोलन चलाया है वह मूलतः क्रान्तिकारी आन्दोलन है।"**

सावरकर जी के ओजपूर्ण तेजस्वी वक्तव्य का नेताजी पर गहरा प्रभाव पड़ा। **सावरकर जी ने रासबिहारी बोस का गुप्त पत्र दिखाते हुए उन्हें बताया कि इस पत्र के अनुसार जापान द्वारा युद्ध की घोषणा सम्भव है। यदि ऐसा हुआ तो अपने देश की स्वतंत्रता के लिए जापान जर्मनी के आधुनिकतम शस्त्राशस्त्रों से सुसज्जित और समर में मंजे हुए हजारों भारतीय सैनिकों सहित अंग्रेजी सेना**

पर आक्रमण कर उसे भारत से धकेलने का स्वर्णिम अवसर हाथ आ सकता है।

ऐसे समय में आप जैसे तेजस्वी नेता का सामान्य आन्दोलन कर जेल में फंसना हानिकर है। अंग्रेजी सत्ता तो इस समय अवसर की खोज में है।"

22 जून 1940 का यही वह वार्तालाप था जिसने नेताजी को नई राह पर डाल दिया था और वह छोटे-मोटे आन्दोलनों से निकलकर बड़े आन्दोलन की बड़ी भूमिका के लिए मनोवैज्ञानिक रूप से तैयार हो गये। बाद में उन्होंने 25 जून 1944 को सिंगापुर स्थित **'आजादहिन्द आकाशवाणी'** से दिये अपने भाषण में स्वीकार किया था कि–**"वीर सावरकर की प्रेरणा पर भारतीय सेना में भर्ती हुए युवक ही आगे चलकर हमारी आजाद हिन्द सेना के सिपाही बने।"**

महापुरूषों की प्रेरणा शक्ति इतनी प्रबल हुआ करती है कि वह नदियों का प्रवाह बदल देती है। इतिहास की धारा बदल देती है और लोगों की सोच बदलकर उन्हें सही मार्ग दिखा देती है। बाल्मीकि और अंगुलिमाल को किसी महामानव की प्रेरणा न मिलती तो उन्हें आज कौन जानता? यही बात सुभाष बाबू पर भी किसी सीमा तक लागू होती है। जिस सुभाष को गांधी जी अध्यक्ष पद से हटाकर और कांग्रेस से निष्कासित कर मिट्टी में मिला चुके थे और अब वह गली मोहल्ले के आन्दोलनों की तैयारी कर रहा था, उसे अन्तर्राष्ट्रीय मंच पर पहुंचाकर चमकाने में सावरकर की प्रेरणा ही थी।

गांधी नेहरू को दिया उत्तर

वीर सावरकर का गांधी जी व नेहरू जी से सदा छत्तीस का आंकड़ा रहा। सावरकर जी गांधी जी व नेहरू जी की दब्बू नीतियों के विरोधी थे। वह राजनीति में दोगलेपन और अंग्रेजी भक्ति के भी विरूद्ध थे। सावरकर हिन्दू विरोध की राजनीति को देश के बहुसंख्यक वर्ग के लिए ही नहीं, देश के लिए भी घातक मानते थे। उनकी इन मान्यताओं को चाहे कितने ही लोगों का समर्थन प्राप्त हो, परन्तु गांधी जी व नेहरू जी उनसे सहमत नहीं रहते थे। इसी से इन तीनों नेताओं के मध्य छत्तीस का आंकड़ा बना रहा।

सावरकर जी भारत विभाजन के लिए बनती जा रही परिस्थितियों को लेकर चिन्तित रहते थे। उन्होंने जुलाई 1940 में शिमला में वायसराय से मिलकर स्पष्ट कर दिया था कि हिन्दू अखण्ड भारत की स्वाधीनता के लिए हर प्रकार से संघर्ष करेगा। इसी वर्ष दिसम्बर में हिन्दू महासभा ने अपने मथुरा

अधिवेशन में सावरकर को पुनः अध्यक्ष बनाया तो वहां भी उन्होंने अपने भाषण में इसी बात पर बल दिया। उन्होंने इस अधिवेशन में गांधीवाद पर भी जमकर प्रहार किया। वह बोले–**"हिन्दुओं को अहिंसा, चरखा व सत्याग्रह के प्रपंच से सावधान रहना चाहिए। सम्पूर्ण अहिंसा की नीति आत्मघाती नीति है वह बड़ा भारी पाप है। हिन्दुओं को इस समय अधिकाधिक संख्या में सेना में भर्ती होना चाहिए। सैनिकीकरण से शस्त्र विद्या की प्राप्ति होगी, और इसी विद्या के आधार पर हिन्दू जाति वीर व अपराजेय बन सकती है।"**

इस हमला से कांग्रेस के कई नेता तिलमिला गये थे। उन्होंने सावरकर जी की कड़ी आलोचना की। स्वयं गांधीजी भी अपने विरूद्ध किये गये इस भारी आक्रमण पर मौन न रह सके। वे भी एक लेख में बोल उठे–**"सेना में भरती होने व शस्त्र विद्या प्राप्त करने का सुझाव देना ठीक नहीं है। हमें तो सत्य, अहिंसा के मार्ग पर चलकर ही स्वाधीनता प्राप्त करनी है।"**

गांधीजी का सत्य, अहिंसा का मार्ग लोकतांत्रिक परिस्थितियों के लिए तो उत्तम था, जिसमें लोग अपने देश की सरकार से शान्तिपूर्ण सभा, धरने प्रदर्शन कर अपने अधिकार मांगते हैं, पर इन उपायों को एक तानाशाही स्वेच्छाचारी और अत्याचारी क्रूर व्यवस्था के विरूद्ध भला कैसे अपनाया जा सकता था?

खिचड़ी थी बेमेल की
अस्त्र शस्त्र बेमेल।
राजा करता क्रूरता
खेले कपट के खेल ॥

ऐसी स्थिति का सामना तो किसी दूसरे ढंग से ही किया जा सकता था। सावरकर ने कहा–**"सत्य अहिंसा से ब्रिटिश साम्राज्य को ध्वस्त करने की कल्पना किसी बड़े किले को बारूद की जगह फूंक से उड़ा देने का स्वप्न देखने के समान ही हास्यास्पद है। अत्याचार व आतंक पर आधारित ब्रिटिश साम्राज्य को ध्वस्त करने के लिए पहले उसकी नींव में बारूद ही लगानी पड़ेगी और यह 1857 से लगायी जाती रही है।"**

इस प्रकार सत्य, अहिंसा से आजादी प्राप्त करने का सपना संजो रहे गांधी जी को सावरकर जी ने स्पष्ट कर दिया कि इस बेमेल की खिचड़ी को मत पकाओ। हम वही मार्ग उत्तम मानते हैं, जिसे हमारे क्रान्तिकारी 1857 से

अपनाते चले आ रहे हैं।

जिस प्रकार का उत्तर देकर सावरकर जी ने गांधी जी को निरूत्तर किया, उसी प्रकार का उत्तर उन्होंने एक प्रसंग में नेहरू जी को देकर उनकी भी बोलती बन्द की थी। बात 1941 की है। मुस्लिम लीग ने बड़ी सावधानी से आसाम को मुस्लिम बहुल बनाने का षड्यन्त्र रचना आरम्भ किया। इससे मुस्लिम लीग को देश के विभाजन की स्थिति में अपना भूभाग अधिक मांगने में सुविधा होती और वह उसमें आसाम को भी सम्मिलित कर लेती। सावरकर जी ने मुस्लिम लीग की इस चालाकी भरी योजना को समझने में देरी नहीं कीं। तब उन्होंने सरकार को और देश को सावधान करते हुए कहा–**"यदि आसाम में मुसलमानों की संख्या बढ़ जाने दी गयी तो भविष्य में देश के लिए यह भारी खतरा सिद्ध होगा। मुसलमान हिन्दुओं को भगाकर नये अस्तित्व का निर्माण करने का प्रयास करेंगे।"**

सावरकर जी भविष्य के लिए दी गयी यह चेतावनी देश के लिए बड़ी हितकर थी। परन्तु यह चेतावनी नेहरू जी को अच्छी नहीं लगी। उन्हें लगा कि मुस्लिम लीग की साम्प्रदायिकता का विरोध करके सावरकर जी ने एक 'महापाप' कर दिया है। अतः नेहरू जी ने कहा–**"आसाम में खाली जगह पड़ी है। मुसलमान वहां आकर बस रहे हैं। प्रकृति नहीं चाहती कि कहीं रिक्त जगह पड़ी रहे।"**

नेहरूजी ने सावरकर जी की आलोचना बड़े ही दार्शनिक अन्दाज में कर दी थी। उन्हें नहीं पता था कि सावरकर उन्हें किस प्रकार निरूत्तर करने वाले हैं सावरकर को जैसे ही नेहरू जी के वक्तव्य की जानकारी हुई तो उन्होंने भी दार्शनिक बने नेहरू को उत्तर देने में तनिक सी भी देरी नहीं की। वह बोले–**"जवाहर लाल नेहरू न तो दार्शनिक है, न शास्त्रज्ञ। उन्हें मालूम नहीं कि प्रकृति घुस आयी विषाक्त वायु को दूर हटाना चाहती है।"**

प्रकृति का नियम तो यही है कि वह विषाक्त वायु को तथा पर्यावरण सन्तुलन को बिगाड़कर पर्यावरण प्रदूषण को बढ़ाने वाली शक्तियों को नष्ट करती है। प्राचीन काल से अब तक प्रकृति मानव के साथ भी यही करती आ रही है। जब-जब मानव ने अपनी भौतिक उन्नति के मद में प्रकृति पर विजय पाने का प्रयत्न किया है और उस पर गर्वोक्ति की है, तब-तब ही प्रकृति ने मानव को प्रबल थप्पड़ों के प्रहार का प्रसाद दिया है। नेहरू जी को सावरकर

जी के मिले उत्तर से स्पष्ट हो गया कि दार्शनिकता क्या होती है, और उसे प्राप्त करने के लिए कैसे विवेक की आवश्यकता होती है?

महासभा का भागलपुर अधिवेशन

अंग्रेजों ने हिन्दू महासभा के 1941 के भागलपुर अधिवेशन को रूकवाने का हर सम्भव प्रयास किया। बिहार सरकार ने भी 19 मई 1941 को भागलपुर के कमिश्नर को लिखा कि वह हिन्दू महासभा के नेताओं से कहे कि बिहार सरकार उसके भागलपुर अधिवेशन की विरोधी है। अंग्रेजों का कहना था कि भागलपुर में बकरीद के अवसर पर हिन्दू महासभा का अधिवेशन होने से कोई भी अप्रिय घटना घटित हो सकती है। भागलपुर कमिश्नर ने इस अधिवेशन को रांची में कराने का भी प्रयास किया। 26 सितम्बर को बिहार सरकार ने घोषित किया कि **'डिफेन्स ऑफ इण्डिया रूल्स'** के नियम 56 के अनुसार बिहार सरकार ने निश्चय कर लिया है कि 1 दिसम्बर 1941 ई. से लेकर 10 जनवरी 1942 तक **अखिल भारत हिन्दू महासभा** का अधिवेशन न तो भागलपुर और न मुंगेर, पटना, गया, शाहबाद, मुजफ्फरपुर आदि इन छः अन्य जिलों के किसी भी स्थान पर करने की आज्ञा नहीं दी जायेगी।"

सावरकर जी ने ब्रिटिश सरकार और बिहार सरकार के इन विरोधी प्रयासों से हार नहीं मानी। उन्होंने उक्त पत्र का उत्तर दिया और स्पष्ट कर दिया कि अधिवेशन का स्थान परिवर्तन अब सम्भव नहीं है। उधर सरकार ने भी स्पष्ट कर दिया कि वह भागलपुर में कोई अधिवेशन नहीं होने देगी। तब सावरकर जी ने 3 अक्टूबर को बिहार प्रान्त के गवर्नर को पुनः लिखा कि यदि मुसलमानों की ईद 29 दिसम्बर की है तो अधिवेशन की अनुमति 30 दिसम्बर से दी जा सकती है। सरकार का दृष्टिकोण अब भी विपरीत ही रहा और उसने स्पष्ट कर दिया कि चांद की तारीखों के अनुसार यह बकरीद 29, 30 या 31 दिसम्बर की भी हो सकती है।

तब सावरकर जी ने भागलपुर में ही अधिवेशन करने का निर्णय लिया। निर्णय लिया गया कि हिन्दू महासभा का अधिवेशन 24, 25, 26 व 27 दिसम्बर को भागलपुर में ही कराया जायेगा। इस प्रस्ताव की सूचना बिहार सरकार को भी दे दी गयी।

सावरकर जी ने अधिवेशन से पूर्व 14 दिसम्बर को सारे देश में भागलपर

दिवस मनाने की घोषणा की। इस दिन सारे देश में जलसे-जुलूस कराये गये और लोगों ने सरकार से महासभा के भागलपुर अधिवेशन में किसी प्रकार का अवरोध न डालने के प्रस्ताव दे-देकर उसे अपनी भावनाओं से अवगत कराया। सावरकर जी ने अधिवेशन की सफलता के लिए बिहार से हिन्दू महासभा के कार्यकर्त्ताओं को अधिक से अधिक भागलपुर पहुंचने के लिए प्रेरित किया। लोगों को यह भी बता दिया गया कि वे सभी 23 दिसम्बर की रात में या 24 दिसम्बर की प्रातः तक भागलपुर अवश्य पहुंच जायें। 24 दिसम्बर की प्रातः से हिन्दू महासभा का **'नागरिक अवज्ञा आन्दोलन'** प्रारम्भ हो जाना था। योजना थी कि जैसे ही आन्दोलन स्थल पर जाने वाली किसी टोली या जत्थे को रोका जाये वैसे ही वह जत्था पूरे देश के हिन्दू महासभाई कार्यकर्त्ताओं को टेलीग्राम से सूचित कर दे, जिससे कि सारे देश में एक साथ हजारों सभाएं सम्पन्न हो जायें।

भागलपुर अधिवेशन में पारित होने वाले प्रस्तावों की रूपरेखा भी पहले ही तैयार कर दी गयी थी। यह भी निश्चित कर दिया गया कि यदि यह अधिवेशन सम्पन्न नहीं हो पाता है तो 27 दिसम्बर 1941 को यह प्रस्ताव सम्पूर्ण देश में होने वाले कार्यक्रमों में आवश्यक रूप से पारित हो जाने चाहिए।

बिहार सरकार ने 17 दिसम्बर को कार्यक्रम समिति के प्रथम डिक्टेटर बनाये गये डॉ. राघवाचार्य शास्त्री को गिरफ्तार कर लिया। भारी पुलिस बल भागलपुर में धकेल दिया गया। 23 दिसम्बर से सरकार ने धारा 144 भागलपुर में, लगा दी। स्वागत समिति के अध्यक्ष श्री कुमार गंगानन्द सिंह को 23 दिसम्बर की सायंकाल दरभंगा में ही गिरफ्तार करके उनके बंगले में ही नजरबन्द कर दिया था। इसके पश्चात कुछ कार्यकर्त्ताओं सहित डॉ. मुंजे, भाई परमानन्द, राजामहेश्वर दयाल, सेठ एन. सी. चटर्जी आशुतोष लाहिड़ी आदि नेताओं को भी गिरफ्तार कर लिया गया।

27 दिसम्बर को पुलिस ने कई स्थानों पर हिन्दू महासभा के कार्यकर्त्ताओं व नेताओं के साथ अमानवीयता का व्यवहार किया। कितने ही कार्यकर्त्ताओं पर निर्ममता से लाठी प्रहार किया गया। भागलपुर में इसके उपरान्त भी एक ही दिन में अर्थात 25 दिसम्बर को हिन्दू महासभा के 52 अधिवेशन सम्पन्न हुए। अंग्रेज एक अधिवेशन को ही रोक रहे थे। जबकि हिन्दू महासभा ने 52 अधिवेशन कर दिखाये। यह सब चमत्कार सावरकर जी के नेतृत्व का था।

उनकी योजना ही ऐसी थी कि इतने सारे अधिवेशन कराने में महासभा को सफलता मिल गयी।

सावरकर जी के भाषण में लिखा गया था—**"सरकार का हिन्दू महासभा के अधिवेशन पर प्रतिबन्ध लगाना अमानवीय एवम गैर कानूनी था। जबकि अखिल भारत मुस्लिम लीग का अधिवेशन इसी वर्ष जब मद्रास में सम्पन्न हुआ था तो सरकार ने उसे सफल बनाने के लिए धारा 144 लगा दी थी। परिणामस्वरूप मुस्लिम लीग हिन्दू विरोधी घोषणा देने तथा प्रस्ताव पारित करने में सफल हो गयी। अब इस समय जब अखिल भारत हिन्दू महासभा का अधिवेशन भागलपुर में होने जा रहा है तो सरकार ने मुसलमानों पर प्रतिबन्ध लगाने के स्थान पर हिन्दू महासभा अधिवेशन पर ही प्रतिबन्ध लगा दिया। हम भागलपुर में सरकार को चुनौती नहीं दहे रहे हैं, बल्कि अपने नागरिक अधिकारों की मांग के लिए संघर्ष कर रहे हैं।"**

"नहीं मांगते भीख हम
मांग रहे अधिकार।
स्वराज्य हमारा लक्ष्य है
शीघ्र देय सरकार॥"

इस अधिवेशन में हिन्दू महासभा ने पाकिस्तान की मुस्लिम लीगी मांग का पुरजोर विरोध किया था। 25 दिसम्बर का अधिवेशन डॉ. मुंजे की अध्यक्षता में सम्पन्न हुआ था।

पाकिस्तान योजना और सावरकर

भारत वर्ष और वह भी अखण्ड भारतवर्ष सावरकर के 'मिशन आजादी' का सपना था। उस अखण्ड भारत की प्राप्ति में कोई यदि बाधक बनता उन्हें दिखता था तो वह उनका शत्रु था। यह इसलिए भी था कि सावरकर उस इतिहास परम्परा के लेखक और इतिहासज्ञ थे जो भारत की वृहत्तर भारत के रूप में आराधना करते चले आये थे। अखण्ड भारत के उस महान स्वप्नदृष्टा के लिए ऐसी परिस्थितियों में मुस्लिम लीग की पाकिस्तान योजना पर अपनी सहमति देना सर्वथा असम्भव था।

मुस्लिम लीग अपने ब्रिटिश आकाओं की सहायता और प्रेरणास्पद प्रोत्साहन से पाकिस्तान की अपनी मांग पर अडिग थी। उसने पाकिस्तान के

लिए अपना आन्दोलन भी चला दिया था। जबकि गांधी जी कह रहे थे कि **"पाकिस्तान मेरी लाश पर बनेगा।"** गांधीजी की यह बात तो ठीक थी पर जितनी यह ठीक थी उतनी ही यह बात भी ठीक थी कि गांधीजी जब लाशों की कल्पना तक को हिंसा मानते थे तो उनके इस मनोरथ पूर्ण संकल्प पर शंका की गुंजायश रह जाती है कि वे पाकिस्तान कैसे नहीं बनने देते? अन्ततः उनकी योजना क्या थी, जिसके चलते पाकिस्तान नहीं बन पाता? वास्तव में उनके पास कोई ऐसी योजना थी ही नहीं जिसके आधार पर वे पाकिस्तान निर्माण की मुस्लिम लीगी योजना की हवा निकाल देते। उनके पास केवल तुष्टिकरण था, और तुष्टिकरण कभी भी किसी कठोर व्यक्ति को नरम नहीं कर पाता है, इसके स्थान पर उल्टे उसे हठीला बना देता है।

गांधीजी की नीति के दोष को सावरकर जी भली प्रकार समझते थे। अतः उन्होंने कह दिया था कि—**"पाकिस्तान मेरी लाश पर बनेगा। ऐसी घोषणा करने वाले नेता एक दिन मुसलमानों को प्रसन्न करने के लिए पाकिस्तान की योजना को स्वीकार कर लेंगे। अतः हिन्दुओं को इनके आश्वासनों में नहीं फंसना चाहिए।"**

सावरकर जी तुष्टिकरण की निस्सारता को जानते थे। यह नीति अन्त में आत्म समर्पण की कायरता पूर्ण स्थिति में जाकर समाप्त होती है। जहां अपमान और अपयश के घूंट पीने के लिए व्यक्ति बाध्य हो जाता है। सावरकर इस प्रकार की परिस्थिति से बचने के लिए पाकिस्तान की मांग करने वालों के प्रति प्रारम्भ से ही कठोरता की नीति का पालन करने के समर्थक रहे थे।

1944 में सी. राजगोपालाचारी ने गांधीजी को कुछ शर्तों के साथ देश विभाजन के लिए जब तैयार कर लिया तो सावरकर जी की भविष्यवाणी अक्षरशः सत्य सिद्ध हो गयी। जिन्ना का गांधी जी दिन-प्रतिदिन भाव बढ़ाते गये और उसे **'कायदे आजम'** का पद दे दिया। जिससे वह अपने आपको आगे और आगे बढ़ाता चला गया। गांधी जी कांग्रेसियों के लिए और राष्ट्रवादी हिन्दूवादी लोगों के लिए तो परले दर्जे के हठी थे, परन्तु जिन्ना की **'जी, ना!'** के सामने उनकी हठधर्मिता समाप्त हो जाती थी। जब उन्होंने जिन्ना के सामने भारत के विभाजन की बात पर हथियार फेंक दिये तो उनकी इस प्रकार की नीति को देखकर देश भर में सर्वत्र क्षोभ की लहर दौड़ गयी? लोगों के लिए यह अप्रत्याशित था। उन्हें नहीं लगता था कि गांधी जी के विषय में सावरकर

द्वारा कही गयी बात इतनी शीघ्र सत्य सिद्ध हो जायेगी? गांधी जी ने जिन्ना की भारत विभाजन की मांग मानी तो कितने ही कांग्रेसी भी उनके विरोधी हो गये थे।

वीर सावरकर ने गांधी जी को समझाने के लिए हिन्दू महासभा के कार्यकारी अध्यक्ष डॉ. श्यामा प्रसाद मुखर्जी को गांधी जी के पास भेजकर भारत विभाजन की आत्मघाती और राष्ट्रघाती नीति का विरोध व्यक्त कराया। डॉ. मुखर्जी बहुत ही सुलझे हुए विवेकशील नेता थे। उन्होंने गांधी जी को बताया कि यदि भारत विभाजन होता है तो समस्त भारत में और विशेषतः बंगाल में व्यापक स्तर पर नरसंहार होगा। पर गांधी जी ने डॉ. मुखर्जी की किसी भी बात पर कोई ध्यान नहीं दिया।

सावरकर निरन्तर और अन्तिम समय तक भारत विभाजन के विरोधी रहे। उन्होंने अपने हिन्दू महासभाई कार्यकर्त्ताओं को आदेशित किया कि सारे देश में पाकिस्तान योजना के विरोध में सभाओं का आयोजन किया जाये।

देश धर्म को समझो बन्धु
मत मोड़ो, मुंह निज फर्ज से।
समय कभी नहीं आता ऐसा
जो मुक्त करे तुम्हें कर्ज से ॥

नई दिल्ली स्थित अखिल भारत हिन्दू महासभा का राष्ट्रीय कार्यालय भारतीय स्वातंत्र्य समर के समय कई ऐतिहासिक महत्व के लिये गये निर्णयों का साक्षी रहा है। इसमें देश की कई महान विभूतियों ने अपने कदम रखे हैं। जिन्होंने इसे अपनी चिन्तन धारा देकर और भी अधिक गौरवान्वित किया है। सावरकर जी ने इसी महासभा भवन में 7 व 8 अक्टूबर 1944 को **'अखण्ड भारत सम्मेलन'** का आयोजन किया। इस सम्मेलन में पाकिस्तान योजना के विरोध की रूपरेखा तैयार करनी थी। सम्मेलन की अध्यक्षता डा. राधा कुमुद मुखर्जी ने की थी। सम्मेलन में वीर सावरकर ने अपना ओजस्वी वक्तव्य दिया–**"भारत को खण्डित करके पाकिस्तान बनाने की मांग करके मुस्लिम लीग ने समस्त हिन्दुओं के स्वाभिमान को खुली चुनौती दी है। कांग्रेसी नेताओं की अहिंसा एवम् तुष्टिकरण की आत्मघाती नीति के कारण ही देश को खण्ड-खण्ड अंग भंग करने का षड्यन्त्र रचा जा रहा है देश के प्रत्येक हिन्दू को अपने राष्ट्र की अखण्डता की रक्षा के लिए सर्वस्व होम करने के लिए तत्पर**

रहना चाहिए।"

सावरकर जी ने मुस्लिम लीग की पाकिस्तान की मांग को हिन्दुओं के लिए चुनौती इसलिए कहा था कि भारतवर्ष को अपना देश मानने की भावना हर हिन्दू के भीतर जन्मना होती है, जबकि विदेशी मजहब को अपनाकर भारत का अन्न खाने वाले लोग इसके टुकड़े करने के लिए तुरन्त ही तत्पर हो जाते हैं। उनका इस प्राचीन देश से कोई आत्मिक लगाव नहीं होता, उनकी ओर से इसके चाहे जितने टुकड़े हो जायें, इससे उन पर कोई प्रभाव नहीं पड़ता। जबकि हिन्दू को यदि इसके टुकड़े करने की बात कही जाये, तो उसकी चीख निकल जाती है।

अतः जो लोग भारत के टुकड़े करके पाकिस्तान बनाने की बात कर रहे थे, उनके इस प्रयास को सावरकर जी ने मां-पुत्र के भावनात्मक सम्बन्ध से जोड़कर प्रस्तुत किया और कहा कि जो लोग मां के टुकड़े करना चाहते हैं, वे सीधे भारत माता के सपूतों को चुनौती दे रहे हैं। इस सम्मेलन के पश्चात देश के लोगों पर इसका अच्छा प्रभाव पड़ा। कांग्रेस के नेताओं को काले झण्डे दिखाकर उनके विरूद्ध मां भारती के अनेकों सपूत, सड़क पर उतर आये। लोगों के आक्रोश को देखकर कांग्रेस की सांसें रूक गयीं। उसने लोगों के क्रोध का भाजन बनने से अपना बचाव करते हुए अपनी रणनीति में परिवर्तन कर लिया। अब कांग्रेस ने पाकिस्तान की मांग का विरोध करना आरम्भ कर दिया। इससे जनाक्रोश कुछ ठण्डा पड़ गया।

उसी समय चुनाव आ रहे थे। कांग्रेस को डर था कि यदि उसने पाकिस्तान के नाम पर हिन्दुओं की भावनाओं से खिलवाड़ किया तो चुनावों में लोग उसका सूपड़ा साफ कर देंगे। इसलिए कांग्रेस ने लोगों को अखण्ड भारत का विश्वास देकर अपना चुनाव प्रचार अभियान प्रारम्भ किया। दूरदर्शी हिन्दू महासभाई नेता वीर सावरकर ने कांग्रेसी चरित्र और चाल को भली प्रकार समझ लिया था। अतः उन्होंने लोगों को कांग्रेस के चरित्र, चाल व चेहरे से सावधान रहने की सलाह देते हुए कहा–**"कांग्रेसी नेता चुनाव में तुम्हारे मत लेने के लिए ही 'अखण्ड भारत' का नारा नाप रहे हैं। चुनाव के बाद में कांग्रेसी नेता पुनः पाकिस्तान का समर्थन करके देश के साथ विश्वासघात करेंगे।"**

समय ने एक बार पुनः सिद्ध किया कि सावरकर सही थे। कांग्रेसी नेताओं ने चुनाव तो जीत लिया पर अपने वचन को पूरा नहीं कर पाये। चुनाव

के पश्चात वे 'पाकिस्तान' की निर्माण योजना के सामने आत्मसमर्पण करके खड़े हो गये। चुनाव में जनता को दिये गये वचनों को भूल जाना कांग्रेस का पुराना संस्कार है। जब पाकिस्तान बना तो स्वयं गांधीजी भी भूल गये कि यह तो मेरी लाश पर बनना था तो ये बन कैसे गया?

नहीं वचन वे याद हैं
जो दिये लोक के बीच।
भारतवर्ष को भूलकर
रहे पाक को सींच ॥

उन्हीं दिनों अमेरिका का एक पत्रकार लुई फिशर भारत में रहकर भारत विभाजन पर देश के बड़े नेताओं की प्रतिक्रिया जान रहा था। वह पहले तो जिन्ना के पास गया और उसके पश्चात वह वीर सावरकर जी के पास पहुंचा। बातचीत आरम्भ हुई तो फिशर की जुबान फिसल गयी और उसने बिना यह सोचे कि अब तू जिन्ना के पास नहीं, अपितु सावरकर के पास बैठा है–उनसे भी यह प्रश्न कर दिया कि **"आखिर आपको मुसलमानों को अलग देश 'पाकिस्तान' देने में आपत्ति क्या है?"**

इस पर सावरकर जी ने उल्टे फिशर से ही प्रति प्रश्न कर लिया–**"आप लोग भारी मांग के उपरान्त भी नीग्रो लोगों के लिए अलग 'नीग्रो स्तान' क्यों नहीं स्वीकार कर लेते?"** श्री फिशर ने इस प्रश्न पर वही बात कह दी जिसे सावरकर जी उनसे कहलवाना चाहते थे। वह बोले–**"देश का विभाजन करना राष्ट्रीय अपराध होगा, इसलिए नहीं करतें?"** सावरकर जी को अपनी बात कहने का सही अवसर मिल गया था, वह बोले–**"आपका उत्तर सही राष्ट्रभक्ति से ओत-प्रोत व तथ्यपूर्ण है, हर राष्ट्र भक्त अपने देश के टुकड़े सहन नहीं कर सकता, देश का विभाजन चाहने वाले देश भक्त कदापि नहीं कहे जा सकते। इसीलिए हम भारत विभाजन की योजना को राष्ट्रविरोधी बताकर उसका विरोध कर रहे हैं, जबकि मुस्लिम लीगी, जो इस देश को ही 'नापाक' मानते हैं, इसके टुकड़े कर देने पर तुले हुए हैं।"**

लुई फिशर ने बाद में अपने लेख में लिखा–"मैंने सावरकर के हृदय में जहां राष्ट्रभक्ति की सीमित भावना देखी, वहां जिन्ना के हृदय में भारत व भारतीय संस्कृति के प्रति घोर घृणा के बीज दिखायी दिये।"

सावरकर जी के तर्क बाण अच्छे-अच्छों को निःशस्त्र कर देते थे।

1944 में ही मुस्लिम लीग ने अपने कराची सम्मेलन में आर्यसमाज की प्रसिद्ध पुस्तक **'सत्यार्थ प्रकाश'** पर प्रतिबन्ध लगाने का प्रस्ताव पारित किया। और इस अमर ग्रन्थ के 14वें समुल्लास पर घोर आपत्ति की। तब सावरकर जी ने एक सभा में कहा था–**"जब तक सिन्ध में सत्यार्थ प्रकाश' पर पाबन्दी लगी है, तब तक कांग्रेस शासित प्रदेशों में कुरान पर प्रतिबन्ध लगाने की प्रबल मांग की जानी चाहिए।"**

सावरकर जी ने 27 नवम्बर 1944 को वायसराय से भेंट कर **'सत्यार्थ प्रकाश'** से प्रतिबन्ध हटाने की मांग की थी। उन्होंने वायसराय व सिन्ध के गवर्नर को तार देकर यह भी चेतावनी दी थी कि **"सिन्ध सरकार द्वारा सत्यार्थ प्रकाश पर प्रतिबन्ध लगाये जाने से साम्प्रदायिक वैमनस्य उत्पन्न होगा। यदि 'सत्यार्थ प्रकाश' से प्रतिबन्ध न हटाया गया तो हिन्दू कुरान पर प्रतिबन्ध लगाने का आन्दोलन प्रारम्भ कर देंगे। अतः केन्द्रीय सरकार से अनुरोध करता हूं कि वह 'सत्यार्थ प्रकाश' पर तो प्रतिबन्ध को अविलम्ब रद्द करे।"**

महर्षि दयानन्द सरस्वती जी द्वारा लिखित इस अमरग्रन्थ **'सत्यार्थ प्रकाश'** के चौदहवें समुल्लास में इस्लाम की अवैज्ञानिक और अतार्किक सृष्टि नियमों के विरूद्ध मान्यताओं का भण्डाफोड़ किया गया है जिनका इस्लाम के पास आज तक कोई तार्किक उत्तर नहीं है। वैसे भी इस्लाम **'अक्ल का दखल'** पसन्द नहीं करता। वह **'लकीर का फकीर'** है। ऐसे में उसे **'सत्यार्थ प्रकाश'** की खरी-खरी बातें बड़ी अखर रही थीं, इन बातों का वह सीधे उत्तर न देकर इस पुस्तक अर्थात **'सत्यार्थ प्रकाश'** को ही जब्त करा देना चाहता था। वीर सावरकर ने इस्लाम की इस मांग को अनुचित और अतार्किक माना और सरकार पर सीधा दबाव बनाकर **'सत्यार्थ प्रकाश'** पर बवाल मचा रहे लोगों को बता दिया कि यदि वे कुछ आगे बढ़ेंगे तो उसका उत्तर किस प्रकार दिया जायेगा?

अध्याय–10

क्रिप्स मिशन और सावरकर

1942 में क्रिप्स मिशन भारत आया तो उसके प्रस्तावों में एक प्रस्ताव यह भी था कि **"भारत में यदि ब्रिटिश भारत का कोई प्रान्त नये विधान को स्वीकार न करना चाहे तो उसे वर्तमान वैधानिक स्थिति को स्थापित रखने का अधिकार रहे। वह चाहे तो बाद में इस विधान को स्वीकार कर सकता है अथवा नहीं। यदि नहीं स्वीकार करते हैं तो सम्राट की सरकार उन्हें अलग विधान देना भी स्वीकार कर लेगी। जिसमें उनका पद भी पूर्ण रूप से संघ के समान ही होगा।"**

यह मिशन 25 मार्च 1942 को भारत आया। इसके उपरोक्त प्रस्ताव से स्पष्ट था कि यह भारत में पाकिस्तान के बीजों को खाद पानी और उचित परिस्थितियां अर्थात् जलवायु प्रदान करने के लिए आया था। इसके प्रस्तावों में भारत में एक नहीं कई पाकिस्तानों के जन्म लेने की सम्भावना स्पष्ट झलक रही थी। इन्हीं दिनों कांग्रेस की ओर से तेज बहादुर सप्रू ने कह दिया कि–**"ब्रिटिश सरकार भारत में अन्तरिम सरकार की स्थापना करे।"** इस पर मुस्लिम लीग ने कहा कि ब्रिटिश सरकार यदि सप्रू साहब की इस बात को मानेगी तो मुसलमान उसके विरूद्ध बगावत कर देंगे। तब सावरकर जी से रहा नहीं गया। वे बोले–**"हिन्दुओं ने अतीत में इससे भी भयंकर क्रान्तियों को देखा है? तुम्हारे कार्यों में रूकावट क्यों है? वह क्रान्ति आज ही क्यों नहीं होती है। हिन्दुओं की संख्या मुसलमानों से चार गुणा अधिक है तथा जो अस्त्र-शस्त्र मुसलमानों के पास हैं, वही हिन्दू भी रखते हैं?"**

हिन्दू महासभा ने **'क्रिप्स मिशन'** को पूर्णतः अस्वीकार कर दिया था। क्योंकि वह भारत को विभाजित करने के कीटाणुओं से सज्जित होकर भारत भूमि पर उतरा था, और हिन्दू महासभा व उसके नेता वीर सावरकर को अखण्ड भारत पर उंगली उठाने वाला हर व्यक्ति अपना शत्रु लगता था।

सावरकर जी ने कहा था—**"मैं उनका (क्रिप्स) भारत में आगमन का स्वागत करता हूं। लेकिन मैं उस योजना को अस्वीकार करता हूं जो चातुर्यपूर्ण है।"**

"मुझे याद है जब मैंने उन प्रस्तावों को पहली बार पढ़ा तो मेरा दिल बुरी तरह बैठ सा गया था। मेरी उस उदासीनता का मुख्य कारण यह था कि मैं सर स्टैफर्ड क्रिप्स से उस अवसर पर अधिक सामुक्त चीजों की आशा रखता था? ज्यों-ज्यों मैंने उन प्रस्तावों को पढ़ा मेरी निराशा बढ़ती गयी।"

'भारत तोड़ो आन्दोलन'

8 अगस्त, 1942 को बम्बई में हुई कांग्रेस की कार्य समिति की बैठक में 6 जुलाई 1942 को अखिल भारतीय कांग्रेस समिति की वर्धा बैठक में लिये गये निर्णय के अनुसार **'भारत छोड़ो आन्दोलन'** आरम्भ करने का निर्णय लिया गया। इस अवसर पर गांधी जी ने कहा था—

"अब की बार जो लड़ाई होगी वह सामूहिक लड़ाई होगी। हमारी योजना में गुप्त कुछ भी नहीं है। हमारी तो खुली लड़ाई है।....हम एक साम्राज्य से लड़ाई लड़ने जा रहे हैं, और हमारी लड़ाई बिलकुल सीधी लड़ाई होगी। इस बारे में आप किसी भ्रम में न रहें। लुक-छिपकर कोई काम न करें। जो लुक-छिपकर काम करते हैं, उन्हें पछताना पड़ता है।"

इस बार गांधी जी ने **'करो या मरो'** का नारा दिया और लोगों को **'भारत छोड़ो आन्दोलन'** में बढ़-चढ़कर भाग लेने के लिए प्रेरित किया। सावरकर जी ने गांधी जी के इस आन्दोलन का समर्थन नहीं किया। उन्होंने कहा कि—**"भारत छोड़ो (आन्दोलन) का अन्त कहीं भारत तोड़ो में न हो जाये।"**

9 अगस्त 1942 से कांग्रेस ने **'भारत छोड़ो आन्दोलन'** का शुभारम्भ किया। उधर जिन्ना ने मुस्लिम लीग से कहा कि इस आन्दोलन से दूर रहा जाये। उसने 20 अगस्त को मुस्लिम लीग की कार्यकारिणी की बम्बई में हुई बैठक में कहा था कि कांग्रेस पार्टी का मुख्य उद्देश्य भारत में हिन्दू राज्य की स्थापना करना है। जिन्ना जानता था कि यदि कांग्रेस पर साम्प्रदायिकता का आरोप जड़ा जायेगा तो वह उससे पीछा छुड़ाने के लिए तड़प जायेगी। इसलिए उसने यह भी कह दिया कि 10 करोड़ मुसलमानों के हितों की सुरक्षा के लिए

मुस्लिम बाहुल्य क्षेत्रों में उनके लिए पुण्य भूमि की स्थापना की जाये। कांग्रेस इस आरोप पर मौन साध गयी तो लोगों को लगा कि जिन्ना ठीक कह रहा है। जब कांग्रेसी नेताओं को ब्रिटिश सरकार ने उठाकर जेल में डाल दिया तो सावरकर को यह उचित नहीं लगा। उन्होंने कहा–**"निश्चित रूप से गांधी जी सहित कांग्रेसी दल के महान एवम देशभक्त नेताओं को गिरफ्तार करके जेल में बन्द कर दिया गया है उनके प्रति हिन्दू महासभा की व्यक्तिगत सहानुभूति है, और मुख्य रूप से हिन्दू देशभक्त होने के कारण उन नेताओं के साथ जाकर कष्ट उठा रहे हैं।**

...."भारतीय असन्तोष को शान्त करने का मात्र एक प्रभावशली रास्ता है कि ब्रिटिश पार्लियामेण्ट यह घोषणा करे कि भारत पूर्ण रूप से राजनीतिक रूप से स्वतंत्र हो गया है। साथ ही 'इण्डो-ब्रिटिश कॉमनवैल्थ' में समान रूप से भागीदार है।"

अब बात आती है कि सावरकर जी ने 1942 के **'भारत छोड़ो आन्दोलन'** में गांधी जी का साथ न देकर उसे **'भारत तोड़ो आन्दोलन'** क्यों कहा था? इसका उत्तर यह है कि सावरकर जी ने अपनी प्रेरणा शक्ति से नेताजी सुभाषचन्द्र बोस को विदेश भेजकर रास बिहारी बोस से उनकी भेंट कराकर बहुत बड़ा कार्य कर दिया था। अब नेताजी आजाद हिन्द सेना के स्वामी बन गये थे। हिटलर जैसे नेता उनको अंग्रेजों के विरूद्ध सहायता देने को तैयार थे। सावरकर जी की योजना थी कि नेताजी की सेना के आक्रमण से ब्रिटिश सत्ताधीशों को भारत छोड़ने के लिए विवश किया जाये। यदि उनके विरूद्ध धरने, प्रदर्शन, सत्याग्रह, रेल रोको आदि के चिर परिचित उपायों को अपनाया गया तो वे भारत में मुस्लिम लीग को थपकी मारकर उसे कांग्रेस के विरूद्ध भड़का देंगे और इस आन्दोलन की हवा निकल जायेगी। दूसरे सावरकर जी ने यह भी देख लिया था कि **'भारत छोड़ो आन्दोलन'** की सही रूपरेखा भी कांग्रेस बनाने में असफल रही थी। जबकि हिन्दू महासभा ने अपने भागलपुर अधिवेशन के समय अपनी सुनियोजित योजना से सरकार को हिलाकर रख दिया था। तीसरे, ऐसे आन्दोलन को वह इसलिए भी उपयुक्त नहीं मानते थे कि यदि इस समय इस आन्दोलन को चलाया गया तो ब्रिटिश सरकार झुंझलाकर भारत को विभाजन की ओर बढ़ने के लिए अकेला छोड़ देगी और भारत विभाजन की समर्थक शक्तियों को अपना खुला समर्थन देने लगेगी। इसके अतिरिक्त गांधी

जी ने इसी समय एक बात और कह दी थी कि यदि अंग्रेज मुस्लिमों को सत्ता सौंपते हैं तो उन्हें कोई आपत्ति नहीं होगी। सावरकर जी के लिए यह असहनीय बात थी। उनका मानना था कि यदि ऐसा हुआ तो अनर्थ हो जायेगा, और तब तो भारत निश्चय ही विभाजित हो जायेगा।

अंग्रेज भारत को ऐसा कोई संविधान नहीं देना चाहते थे जिस पर मुसलमानों की सहमति ना हो और इसी प्रकार वे भारत को कोई ऐसी स्वतंत्रता भी नहीं देना चाहते थे जिस पर मुसलमानों की असहमति हो। अंग्रेजों की इस सोच से जिन्ना जिद्दी होता गया। उसे पता था कि यदि तू जिद करेगा तो कांग्रेस का बना-बनाया काम भी बिगड़ जायेगा। यही कारण रहा कि उसने भारत छोड़ो आन्दोलन को भी अपने लिए अस्वीकार्य कर दिया। जिससे कि अंग्रेज इस आन्दोलन पर देश की सर्वानुमति न होने की बात कहकर इसे कुचल सकें। सावरकर को यही चिन्ता थी और ऐसा ही हो गया था।

सावरकर ने 29 दिसम्बर 1942 को हिन्दू महासभा के कानपुर अधिवेशन में अध्यक्षीय भाषण देते हुए कहा था–**"हम स्वराज्य चाहते हैं। इंग्लैण्ड हमें तब तक स्वराज्य देने के लिए तैयार नहीं हैं, जब तक कि हिन्दू मुसलमान एक होकर एकार्थक संविधान की स्थापना हेतु स्वराज्य की मांग नहीं करेंगे। मुसलमानों ने यह बात सिद्ध कर दी है कि वे हिन्दुओं के साथ संघीय मांग के लिए तब तक शामिल नहीं होंगे जब तक उन्हें भारत विभाजन के लिए आदेशित नहीं किया जायेगा। स्वराज्य की प्राप्ति हेतु मुसलमानों को सहमत करने का एक ही चारा है कि उनकी पाकिस्तान की मांग को मान लिया जाये। ....अब प्रत्येक शब्द इसी विचार की जंजीर से बंधा हुआ है और विचार की सम्पूर्ण जंजीर बुद्धिहीन आशा पर आधारित है। यद्यपि हम स्वराज्य चाहते हैं, फिर भी स्वराज्य का अर्थ हिन्दुस्तानी स्वराज्य होना चाहिए। जहां हिन्दुओं मुसलमानों और सभी दूसरे नागरिकों की समान जिम्मेदारी हो, समान कर्त्तव्य हों, और उन्हें समान अधिकार प्राप्त हों।"**

**"स्वराज्य हमको चाहिए
यह बात सर्वदा सत्य है।
भारत विभाजन का समर्थक
स्वराज्य हमारे लिए असत्य है।"**

सावरकर जी की प्रेरणा के अनुसार नेताजी सुभाष चन्द्र बोस ने जब

अपनी **'आजाद हिन्द सेना'** के माध्यम से ब्रिटिश भारत की ओर प्रस्थान किया तो उनके आक्रमण से ब्रिटिश सत्ताधीशों की नींद उड़ गयी थी। उन्हें पूरा भय था कि यदि नेताजी किसी कारण से दिल्ली आ गये तो उन्हें भारत का राष्ट्रपति बनने से कोई भी रोक नहीं पायेगा। तब सारा देश उनके साथ होगा और कांग्रेस जैसी पार्टियों के पत्ते तो हवा में ही उड़ जायेंगे। साथ ही मुस्लिम लीग की सारी योजना भी असफल हो जायेगी और भारत विभाजन भी किसी भी स्थिति में नहीं हो पायेगा। इस बात की पुष्टि ब्रिटेन में प्रधानमंत्री रहे लॉर्ड एटली ने 1965 में अपने भारत आगमन के समय की थी। जब उनसे पूछा गया था कि आपने भारत क्यों छोड़ा? तो उन्होंने कहा था–

"हमने 1942 ई. के 'भारत छोड़ो आन्दोलन' के कारण भारत नहीं छोड़ा था। हमने भारत छोड़ा नेताजी सुभाषचन्द्र बोस के कारण। नेताजी अपनी फौज के साथ बढ़ते-बढ़ते इम्फाल तक आ पहुंचे थे और उसके तुरन्त बाद नौसेना और वायुसेना में विद्रोह हो गया था।" नौसेना और वायुसेना का यह विद्रोह अपने महानायक सुभाष बाबू के तेजी से बढ़ते कदमों की प्रसन्नता में किया गया विद्रोह था। क्योंकि तब हमारे सैनिकों को यह सम्भावना बनती लग रही थी कि अब भारत की नैया को पार लगाने वाला नाविक नायक बनकर नेताजी के नाम से हमारे बीच शीघ्र ही उपस्थित होने वाला है, और इसी योजना की प्रतीक्षा में सावरकर थे, जिसे वह इसी प्रकार फलीभूत होते देखना चाहते थे।

अध्याय–11

भारत विभाजन और सावरकर

"माता पर आरा चला
बही खून की धार।
आरा पकड़े थी खड़ी
भारत की सरकार ॥"

परिस्थितियां बड़ी तेजी से परिवर्तित होती जा रही थीं। राष्ट्रीय असैम्बली के चुनावों में यद्यपि कांग्रेस ने हिन्दू मत इस शर्त पर प्राप्त किये थे कि वह भारत विभाजन स्वीकार नहीं करेगी, पर 3 जून, 1947 को उसने भारत विभाजन के रक्त भरे दस्तावेज पर हस्ताक्षर करके उस पर अपनी सहमति दे दी। इससे भारत माता चीत्कार कर उठी। उसकी छाती पर भारत की क्रूर सरकार ने आरा चला दिया, जिसमें कांग्रेस ने भी अपना सहयोग कर दिया। मुस्लिम लीग मां भारती के रक्त की प्यासी थी–इसलिए उसे तो माता के बहते रक्त पर भी प्रसन्नता हो रही थी। हर राष्ट्रभक्त भारतवासी इस पर दुःख व्यक्त कर रहा था और उनकी वेदना को उस समय शब्द देना सम्भवतः किसी के भी वश की बात नहीं थी।

3 जून 1947 को नेहरूजी ने कहा था–**"भारत में विद्यमान हिन्दू और मुस्लिम समस्या को सदैव के लिए समाधान करने हेतु ही हम भारत का विभाजन स्वीकार कर रहे थे।"**

वास्तव में नेहरू जी के ये शब्द गरिमाविहीन हो चुके थे। लोगों के गले से नीचे यह बात उतर नहीं रही थी। सत्ता की चाह में उन्होंने लोगों के साथ विश्वासघात किया था और भारत माता का विभाजन स्वीकार कर देश की आत्मा को लहूलुहान करके छोड़ दिया था। लोगों के घर में हत्या हो गयी थी और कांग्रेस उसे हत्या न कहके स्वाभाविक मृत्यु कह रही थी, जिसे लोग अपने साथ कांग्रेस द्वारा किया गया क्रूर उपहास मान रहे थे। लोगों की भावनाओं को

सावरकर जी ने समझकर तब कांग्रेस को समझाया था–**"हिन्दू मुस्लिम समस्या के समाधान के रूप में देश को खण्ड-खण्ड करने वालों को मैं चेतावनी देता हूं कि देश के बंटवारे से यह समस्या सुलझने के स्थान पर और भी अधिक उलझ जायेगी। क्योंकि यह प्रश्न दो जातियों के बीच का नहीं है। पाकिस्तान की स्थापना होते ही यह समस्या और भी तीव्र रूप धारण कर लेगी।"**

ब़ात यह थी कि जिन लोगों ने देश का विभाजन स्वीकार कर यह समझ लिया था कि अब यह समस्या सदा के लिए सुलझ जायेगी उन्होंने समस्या की वास्तविकता से मुंह मोड़ लिया था। समस्या दो जातियों की नहीं थी–अपितु एक विचारधारा की थी जो इस देश को अपना देश मानती ही नहीं थी, और वह इसे खण्ड-खण्ड कर देना चाहती थी। वही विचारधारा पूर्व में हमसे ईरान और अफगानिस्तान को छीन चुकी थी। अब जब कायरतापूर्ण ढंग से देश का विभाजन कराके हम आजाद हो रहे थे तो यही विचारधारा हमसे पाकिस्तान के नाम से फिर एक बड़ा भू-भाग छीन रही थी। जिस पर हम अपनी सहमति व अनुमति दे रहे थे। इस विचारधारा के सामने हथियार फेंक कर खड़ा हो गया था–यह देश। इस कायरतापूर्ण आत्मसमर्पण की नीति ने विखण्डनवादी सोच को यह बता दिया कि हमारे पूर्वजों ने ईरान और अफगानिस्तान बनने से लेकर आज तक इस विचारधारा को खण्डित और नष्ट करने के लिए जितने भर की बलिदान दिये थे–वे सब व्यर्थ थे। उनका कोई मूल्य नहीं था। अर्थपूर्ण बलिदानों को हमने ना तो कोई महत्व दिया और ना ही कोई परिभाषा दी और आज जब उन बलिदानों का अभिनन्दन कर उन्हें महत्व और नई परिभाषा देने का समय आया तो हमने फिर विखण्डनवादी सोच के सामने हथियार फेंककर अवसर खो दिया है।

इतिहास बड़ी भावपूर्ण मुद्रा में हमारे सामने आया था। आज वह हमारे अतीत का साक्षात्कार हमसे लेना चाहता था, पर हम थे कि हमने इतिहास को अपने से कोई प्रश्न करने ही नहीं दिया और उसे मौन खड़े रहने के लिए अभिशप्त कर दिया। सावरकर इतिहास की इस मुद्रा पर विस्मित थे। नेहरू इतिहास के इस गौरवपूर्ण पक्ष से अनभिज्ञ थे, और गांधी जी तो यह मानने के लिए भी तैयार नहीं थे कि इस देश में कभी 'राम' भी हुए थे। वह तो आज ही एक नया देश बनते व जन्मते देख रहे थे। सावरकर की स्थिति उस समय बड़ी वेदनापूर्ण थी। उनकी वेदना ने इन शब्दों का वरण किया–

"यह भयंकर दुष्परिणाम कांग्रेस की कायर व तुष्टिकरण की आत्मघाती नीति का ही परिणाम है। यदि हिन्दू कांग्रेस के अहिंसा व 'हिन्दू मुस्लिम भाई-भाई' के नारों में न फंसते तो भारत अखण्ड रूप में ही स्वाधीन होता। मातृभूमि के खण्ड-खण्ड करने की मांग रखने वालों के षड्यन्त्र को ही खण्ड-खण्ड कर दिया जाता।"

रामप्रसाद 'बिस्मिल' की ये पंक्तियां कितनी सारगर्भित है–

सताये तुझको जो कोई बेवफा 'बिस्मिल'
तो मुंह से कुछ न कहना 'आह' कर लेना।
हम शहीदाने वफा का दीनो ईमां और है
सिजदे करते हैं हमेशा पांव पर जल्लाद के॥

अंग्रेजों को लोकतंत्र का जनक मानने वाले आज तक नहीं बता पाये कि यदि अंग्रेज वास्तव में ही लोकतंत्र के जनक थे तो उन्होंने कभी इस देश के लोगों से जनमत के माध्यम से यह क्यों नहीं पूछा कि क्या आप लोग अपने देश का विभाजन चाहते हैं या उसे अखण्ड रूप में स्वाधीन होते देखना चाहते हैं? देश के उस बहुसंख्यक वर्ग की आवाज उस समय सावरकर थे जो देश का विभाजन नहीं चाहते थे और जिससे कांग्रेस ने वचन भंग कर विश्वासघात किया था और जब उससे यह कहकर वोट मांग ली थीं कि कांग्रेस चुनाव जीतने पर देश का बंटवारा नहीं होने देगी। अंग्रेजों को लज्जा आनी चाहिए थी और इस तथ्य पर ध्यान देना चाहिए था कि उनके ना करने पर उस समय के राष्ट्रीय असैम्बली के चुनाव इसी मुद्दे पर हो गये थे कि लोग देश का विभाजन चाहते हैं या नहीं? कांग्रेस को अधिक सीटें मिलने का अर्थ था कि देश के लोग विभाजन नहीं चाहते थे। देश का विभाजन कराके देश में लोकतंत्र की हत्या की गयी। लोग ठगे से रह गये थे। जिन्हें लोगों ने जनप्रतिनिधि बनाकर शक्ति दी थी वे देश के साथ छल कर गये और जो उनकी आवाज को उठा रहा था उसके पास केवल आत्मशक्ति थी, सिरों की शक्ति उसके पास नहीं थी। **लोकतंत्र तो (और विशेषतः अंग्रेजों द्वारा प्रदत्त लोकतंत्र) सिरों की गिनती की तानाशाही से ही चलता है। करोड़ों लोगों को हांकने के लिए किसी भी दल को आज भी भारत की लोकसभा में मात्र 272 सिरों की आवश्यकता पड़ती है, फिर सारी तानाशाही उसी के पास होती है।**

3 जून 1947 को जो कुछ हुआ था, उस पर लियोनार्ड भोंसले ने लिखा

है–"3 जून, 1947 की सायं को तीन सम्बन्धित पार्टियों के नेता (कांग्रेस, मुस्लिम लीग और सिख) माण्उटबेटन के पीछे-पीछे 'ऑल इण्डिया रेडियो' में ब्राडकास्ट करने के लिए गये। यह 'ब्राडकास्ट' राष्ट्र के नाम नहीं था, क्योंकि अब हिन्दुस्तानी राष्ट्र नामक कोई वस्तु नहीं थी, उन्हें ब्राडकास्ट करना था अपने लोगों के नाम और उन्हें बताना था कि दो महीने के बाद उनकी तकदीर में क्या बदा है?"

उस समय हिन्दू महासभा के राष्ट्रीय अध्यक्ष एल. वी. भोपटकर रहे थे। उनके पास 4 जून 1947 को एक टेलीग्राम आया। यह टेलीग्राम स्वयं सावरकर जी का था। उस समय 6, 7 व 8 जून से हिन्दू महासभा की राष्ट्रीय कार्यकारिणी समिति की बैठक दिल्ली में होने वाली थी। उसमें एक प्रस्ताव पारित करने की सलाह वीर सावरकर जी ने श्री भोपटकर को दी। उसमें लिखा था–**"मेरा व्यक्तिगत दृष्टिकोण यह है कि केन्द्रीय भारतीय राज्य के विरूद्ध जो स्वतंत्र मुस्लिम राज्य की स्थापना हो रही है, उसका हमें प्रबल रूप से विरोध करना चाहिए। भारत की अखण्डता के मृत्यु प्रमाण पत्र पर हस्ताक्षर करने के लिए हम उद्यत नहीं होंगे। यदि ब्रिटेन हमारे ऊपर पाकिस्तान को थोपता था तो बात दूसरी है। इससे निपटने के लिए विद्रोही मुस्लिम प्रान्तों को जोड़ने में हमारा संघर्ष जारी रहेगा। दूसरे पाकिस्तान को विरोध करने के लिए पूरे हिन्दुस्तान में 'काले दिवस' मनाने की तिथि निश्चित की जानी चाहिए। तीसरे बंगाल, पंजाब एवम् सिन्ध के हिन्दू बाहुल्य क्षेत्रों में अखण्ड हिन्दुस्तान को दृष्टि में रखने के साथ-साथ किसी प्रकार का पाकिस्तान निर्मित नहीं होने देना चाहिए।"**

सावरकर जी की इस अपील को हिन्दू महासभा के द्वारा स्वीकार किया गया। फलस्वरूप 3 जुलाई 1947 को सम्पूर्ण देश में 'काला दिवस' मनाने का निर्णय लिया गया। देश के लोगों ने इस आन्दोलन को सफल बनाने में बढ़-चढ़ कर भाग लिया था। **यदि उनकी आवाज और एकता पर उस समय की तथाकथित लोकतांत्रिक सरकार ध्यान देती तो निश्चय ही भारत का विभाजन टल जाना चाहिए था। परन्तु सत्ता की शक्ति लोक की शक्ति पर राज करती है और उसे अपने राजनीतिक अधिकारों से हॉकने का काम करती है।** इसलिए लोक की आवाज सदा की भांति उस समय भी देखती रह गयी।

"लोक दबा हुआ, और दंग था
तंत्र हुआ बेहाल।

दानव घर में घुस गये
लूट रहे सब माल ॥"

भारत की स्वतंत्रता और सावरकर

03 जून 1947 को भारत विभाजन की सारी रूपरेखा तैयार हो गयी। अब उसे क्रियान्वित करना शेष था। इसके लिए भी व्यावहारिक दृष्टिकोण नहीं अपनाया गया। 26 जनवरी 1930 को जब कांग्रेस ने पहला स्वाधीनता दिवस मनाया था तो उस दिन **'वसन्त पंचमी'** थी। 26 जनवरी का दिन स्वाधीनता दिवस के लिए इसीलिए निश्चित किया गया था कि उस दिन भारत का एक महत्वपूर्ण पर्व था। कांग्रेस को स्वाधीनता दिवस वसन्त पंचमी को अर्थात् भारतीय तिथियों के अनुसार ही प्रतिवर्ष मनाना चाहिए था। यदि ऐसा किया जाता तो भारत का नया संविधान भी स्वाभाविक रूप से **'वसन्त पंचमी'** के दिन से ही लागू होता। परन्तु कांग्रेस की अंग्रेजी भक्ति के कारण यह दिवस उन्हीं की **'कैलेण्डर तिथि'** के लिए समर्पित होकर रह गया। जिसे हम आज तक यथावत् मनाते चले आ रहे हैं। अन्तर केवल इतना आया है कि अब इसे हम **'स्वाधीनता दिवस'** के रूप में न मनाकर **'गणतंत्र दिवस'** के रूप में मनाते हैं।

जब भारत खण्ड-खण्ड होकर स्वाधीनता प्राप्ति के निकट पहुंचा तो उस समय भी हमारे लिए रक्षाबन्धन, श्रीकृष्ण, जन्माष्टमी, विजयदशमी अर्थात दशहरा और दीपावली के महत्वपूर्ण पर्व आ रहे थे। अच्छा होता कि कांग्रेस इन पर्वों में से किसी भी पर्व को अपने लिए स्वाधीनता प्राप्ति के लिए प्रस्तुत करती। पर उसने ऐसा नहीं किया। वायसराय लार्ड माउन्ट बेटन ने अपनी इच्छा से निर्णय लिया और बिना किसी बात का आगा-पीछा सोचे भारत को स्वतंत्र करने की तिथि 15 अगस्त निश्चित कर दी। उस तिथि के पीछे कारण यह था कि 15 अगस्त 1945 को जापान की सेनाओं ने ब्रिटेन के सामने आत्म समर्पण किया था। लार्ड माण्उटबेटन उस तिथि को महत्वपूर्ण मानते थे, इसलिए उन्होंने भारत को आजाद करने के लिए यही तिथि उपयुक्त मानी।

व्यावहारिक दृष्टिकोण यह होता कि भारत को स्वतंत्र करने से पूर्व किसी तिथि विशेष की शीघ्रता न करके सीमाओं का सही ढंग से निर्धारण किया जाता तथा दोनों ओर की आबादी को इधर से उधर जाने का पूर्ण

अवसर दे दिया जाता। दोनों देशों में किसी प्रकार के साम्प्रदायिक दंगे न हों और किसी प्रकार से भी लोगों को लूटपाट, आगजनी या हत्याओं का शिकार न बनना पड़े—इस पर ध्यान दिया जाता।

लॉर्ड माण्उटबेटन को भारत पाकिस्तान में मरने वाले लोगों की कोई चिन्ता नहीं थी। उन्हें तो ब्रिटिश नागरिकों को भारत से सुरक्षित निकालने की चिन्ता थी और वह काम उन्होंने सही प्रकार से कर लिया था।

इस समय जब कि सब कुछ अस्त व्यस्त था—कांग्रेस ब्रिटिश सरकार का धन्यवाद ज्ञापित कर रही थी। जैसे कि ब्रिटेन ने हमें खण्डित स्वतंत्रता प्रदान करके हम पर बहुत भारी उपकार कर दिया है। उसके यहां शोक मनाने के लिए समय नहीं था, और ना ही वह ऐसा मानती थी कि देश के विभाजन को लेकर किसी प्रकार का शोक मनाया जाये? कांग्रेसी सत्ता के लिए आतुर थे और यदि पहली सरकार बनती है तो उसमें कौन व्यक्ति किस विभाग का मंत्री बनाया जाये या किस प्रान्त का मुख्यमंत्री बने या किस देश में भारत का राजदूत नियुक्त किया जाये आदि बातों पर विशेष घमासान मचा हुआ था। सबको उस घमासान में अपनी 'देश सेवा' का अधिकतम् पुरस्कार लेने की चिन्ता थी। नेहरू और गांधी जी के पास ऐसे चाटुकारों की संख्या बढ़ती जा रही थी जो अपने लिए कुछ चाहते थे। यद्यपि गांधी जी को उस समय नेहरू और सरदार पटेल जैसे बड़े नेता भी उपेक्षित कर रहे थे। परन्तु लोगों को पता था कि सत्ता की चाबी गांधी के पास है और वह जिसे चाहेंगे उसे उस चाबी को सौंप देंगे। ऐसे में उनके पास चाटुकारों की भीड़ का बढ़ जाना स्वाभाविक था।

लैरी कालिन्स एण्ड डोमिनियल लिबरेट्री अपनी पुस्तक 'फ्रीडम एट मिड नाइट' में हमें बताते हैं कि—**"हिन्दू महासभा द्वारा संचालित दैनिक 'हिन्दू राष्ट्र' पूना से प्रकाशित पत्र का सम्पादकीय 15 अगस्त 1947 ई. को प्रथम पृष्ठ पर निकला तथा सम्पादकीय वाले कॉलम में शोक प्रकट करने के लिए काले फीते का निशान बनाकर खाली छोड़ दिया गया था।"**

सचमुच उस दिन कुछ लिखने-पढ़ने का या किसी को शुभकामनाएं प्रकट करने का दिन नहीं था। जिस आजादी के लिए देश के नाम-अनाम अनेकों देशभक्त क्रान्तिकारियों ने सैकड़ों वर्ष से रक्त बहाया था, उनके बलिदान को आज किस प्रकार और किन शब्दों में याद किया जाता? इसे प्रकट

करने के लिए किसी भी संवेदनशील व्यक्ति के पास शब्दों का सागर सूख गया था। हमने अपने बलिदानियों से किये गये उन वायदों को भुला दिया था जिन्हें हम हर बलिदानी के बलिदान पर यह कहकर व्यक्त किया करते थे कि हम आपके अधूरे कार्यों को पूर्ण करेंगे। स्पष्ट था कि यह अधूरा कार्य उन बलिदानियों की अखण्ड भारत की साधना ही था।

मुस्लिम लीग उस समय भी नारे लगा रही थी कि–**"हँस के लिया पाकिस्तान, लड़ के लेंगे हिन्दुस्तान।"** जबकि भारत में कुछ लोग थे जो उस समय भी **'हिन्द पाक जिन्दाबाद'** के नारे लगाने में लगे थे। जबकि सावरकर जी की हिन्दू महासभा नारे लगा रही थी–**"पाकिस्तान मुर्दाबाद। भारत पुनः अखण्ड हो।"** मां भारती के प्रति सावरकर जी का यह संदेश ही उस समय उपयुक्त था और यदि इसी सन्देश को उस समय का प्रत्येक दल अपना **'राष्ट्रीय संकल्प'** बनाकर चलता तो देश के विभाजन को टाला भी जा सकता था। पर लोगों ने सस्ती लोकप्रियता की राजनीति को प्राथमिकता देकर राष्ट्रवादी लोगों को और विशेषतः सावरकर जी और उनकी हिन्दू महासभा को गाली देना आरम्भ कर दिया। जिससे हमारी शक्ति क्षीण हुई और हम अपने देश की एकता और अखण्डता को तार-तार कर बैठे।

कांग्रेस में एक नेता सरदार पटेल भी थे। सरदार पटेल 3 जून 1947 की उस बैठक में भी सम्मिलित हुए थे जिसमें भारत के विभाजन को कांग्रेस ने अपनी सैद्धान्तिक सहमति प्रदान की थी। उस सैद्धान्तिक सहमति को सरदार पटेल ने अपनी सम्मति यह कहकर प्रदान की थी कि इससे मुस्लिम साम्प्रदायिकता से सदा-सदा के लिए मुक्ति मिल जायेगी। वह चाहते थे कि यदि साम्प्रदायिक आधार पर देश का विभाजन अब हो ही रहा है तो यह इस प्रकार होना चाहिए कि भारत की मुस्लिम आबादी पाकिस्तान में और पाकिस्तान की हिन्दू आबादी भारत में भेज दी जाये। वह नहीं चाहते थे कि पाकिस्तान में 'हिन्दू रहे और उसका धर्मान्तरण करके या उसे मिटा देने के लिए पाकिस्तानी शासकों के लिए छोड़ दिया जाये। इसी प्रकार भारत में रह जाने वाले मुसलमानों को कुछ समय पश्चात फिर से भारत के टुकड़े करने के लिए अपने पास रख लिया जाये।

सरदार पटेल ने कांग्रेस के राजा जी जैसे नेता की **'स्वनिर्णय'** का अधिकार मुस्लिमों को देने की बात का भी खुलकर विरोध किया था। ऐसे

व्यावहारिक दृष्टिकोण के धनी सरदार पटेल यद्यपि भारत को 'हिन्दू राष्ट्र' बनाने की हिन्दू महासभा की राय से असहमत थे, परन्तु उनके सपनों के भारत में अलगाववाद और राष्ट्र की विखण्डनकारी शक्तियों के लिए भी कोई स्थान नहीं था। उस भारत को यदि सरदार पटेल 'हिन्दू राष्ट्र' ना भी कहते तो भी वह भारत सावरकर के सपनों का भी भारत होता। इसलिए सरदार पटेल किसी भी राष्ट्रवादी दल या नेता के लिए कभी भी आलोचना के पात्र नहीं रहे।

जनवरी 1946 में लॉर्ड वेवल सरदार पटेल से पहली बार मिले थे। तब उन्होंने सरदार जी के विषय में कहा था–**"उनका व्यक्तित्व आकर्षक नहीं है और वे झुकने वाले भी नहीं है, पर जिन भारतीय राजनेताओं से मैं मिला हूं उनमें से अधिकांश से कहीं अधिक पुरूषोचित हैं वे....पटेल ने शुरूआत ही आरोपों से की कि अंग्रेज जिन्ना और मुस्लिम लीग का समर्थन कर रहे हैं।**

सरदार पटेल मानते थे कि पाकिस्तान शीघ्र ही भारत के साथ आ जायेगा। उन्होंने कहा था–**"आप समुद्र या नदी के पानी को नहीं बांट सकते। मुसलमानों की जड़ें उनके धर्म स्थान और उनके केन्द्र यहां हैं। मैं नहीं जानता कि वे पाकिस्तान में क्या कर सकते हैं? वे शीघ्र ही हमारे पास लौटेंगे।"**

सावरकर जी 15 अगस्त 1947 को मिली आजादी को लेकर इसलिए भी दुःखी थे कि इसमें भारत का 'स्व' विलुप्त था। सावरकर जी स्वशासन स्वभाषा, स्वसंस्कृति, स्वधर्म, स्वदेश, स्वराष्ट्र आदि विभिन्न स्वरूपों में मिलने वाले 'स्व' के उपासक आराधक राजनेता थे। उनकी क्रान्ति का मूलाधार भारत के 'स्व' को ढूंढना था और मिलने वाली स्वतंत्रता के साथ उसे इस प्रकार एकाकार कर देना था कि उसे आप चाहकर भी अलग-अलग न कर सकें। उनके इस सपने को लोगों ने उनकी साम्प्रदायिक **'हिन्दू राष्ट्र की अवधारणा'** के साथ जोड़कर देखने का प्रयास किया। सत्ता के लिए आतुर कांग्रेसियों ने सावरकर जी के 'स्व' बोध की धारणा की महत्ता और मूल्य को भी मानने से इन्कार कर दिया और कदाचित यही कारण रहा कि स्वतंत्रता के दशकों पश्चात् भी भारत 'स्वबोध' की राजनीति से दूर है। जिन लोगों ने सत्ता प्राप्त कर आजादी के पश्चात भारत पर शासन करना आरम्भ किया, उन्होंने सावरकर जी के 'स्वबोध' की अवधारणा को इस देश से उठाकर समुद्र में फेंकने की तैयारी की। जिसके घातक परिणाम यह देश आज तक भोग रहा है। सावरकर जी ने 22 अक्टूबर 1947 को कहा था–**"हमारे प्रधानमंत्री नेहरू जी**

पाकिस्तान के विरूद्ध नहीं अपितु हिन्दू राज्य के विरूद्ध लड़ना चाहते हैं।"

सावरकर जी की यह बात सत्य ही थी। भारत में कांग्रेस ने जितनी देर भी शासन किया उसने **'हिन्दू विरोध'** को धर्म निरपेक्षता का प्राणतत्व बनाकर ही शासन किया। इस प्रकार की आत्मघाती नीति के चलते भारत का आत्मबोध अर्थात 'स्व' बोध कहीं दबकर रह गया।

आत्मबोध के रास्ते
होता है कल्याण।
जो इससे वंचित रहें
रूष्ट रहें भगवान ॥

हमारा भगवान इसीलिए हमसे रूष्ट हो गया कि हमने आत्मबोध से वंचित रहकर राष्ट्र निर्माण का रास्ता पकड़ने का प्रयास किया। जिससे आज भारत के सामने कितनी ही समस्याएं जटिल बनकर खड़ी हैं। ये समस्याएं भारत का विकास का मार्ग अवरूद्ध कर रही हैं। जबकि सच ये है कि इस प्रकार की सभी समस्याओं का समाधान राष्ट्रबोध और स्वबोध से ही मिल सकता है। सचमुच सावरकर हमारे लिए प्रासंगिक हैं। हमें इस तथ्य और सत्य को समझना ही होगा।

अध्याय–12

सावरकर का एक व्यावहारिक चिन्तन

वीर सावरकर का व्यावहारिक चिन्तन ऐसा था जो कि आज भी इस देश के लिए काम आ सकता है। उन्होंने 10 मई 1952 को पूना में **'अभिनव भारत'** संस्था के समापन समारोह में भाषण देते हुए कहा था कि–**"स्वतंत्रता प्राप्त नहीं हुई, स्वतंत्रता को बड़े-बड़े बलिदान देकर प्राप्त किया गया है। स्वतंत्रता प्राप्त हुई–ऐसा कहना बिलकुल गलत है।"**

उनका यह प्रहार कांग्रेस के दुष्प्रचार पर किया गया प्रहार था जो उसने स्वतंत्रता के विषय में फैला रखा था कि यह तो हमें बिना खड्ग और बिना ढाल यूं ही मिल गयी है। अखण्ड भारत की स्वतंत्रता न मिलने पर उन्होंने दुःख व्यक्त करते हुए कहा था–**"आज तीन चौथाई भारत स्वतंत्र हुआ है, मुक्त हुआ है। परन्तु मेरी सिन्धु नदी तथा सिन्ध प्रान्त छीन लिए गये। हम अपनी सिन्धु को भूल नहीं सकते। सम्पूर्ण विश्व का द्वेष मोल लेकर भी हम अपनी सिन्धु से सम्बन्ध विच्छेद नहीं कर सकते।"**

उन्होंने आगे कहा था–**"ऐ सिन्धु! सुरसेविनी सिन्धु! तेरे ही पवित्र तट पर हमारे प्राचीनतम वैदिक महर्षियों ने वेदों की प्रथम ऋचाओं का साम गायन किया था। जिसके चुप्प सलिल से हमने सन्ध्या वन्दन की, अर्घ्य दिया और जिसे असीम आदर से देवताओं में स्थान दिया। उस पर सुन्दर काव्य सुमनों की अंजलि अर्पण की, ऐसी पुण्य सलिला मां सिन्धु! तुझे हम कैसे भुला दें? तुझे अन्य जन भले ही भुला दें किन्तु यह महाराष्ट्र अकेला महाराष्ट्र फिर एक बार उठकर तुझे पुनः विमुक्त ही करेगा।"**

इसका अभिप्राय था कि सावरकर **'अखण्ड भारत'** के उपासक जीवन भर रहे। उन्होंने स्वतंत्रता प्राप्ति के समय ही अखण्ड भारत के लिए दुःख प्रकट करके अपने कर्त्तव्य की इति श्री नहीं की थी। यदि सिन्धु को लेने की उत्कट इच्छा हमारे भीतर रही होती तो कम से कम पाकिस्तान काश्मीर का

राग तो अब तक भूल ही गया होता। पर हमारे नेताओं ने विभाजन को पूर्णतः वैध मान लिया और पाकिस्तान उसे बिना पूर्ण कश्मीर के अवैध और आधा अधूरा मानता रहा उसका परिणाम ये हुआ कि काश्मीर को लेकर भारत को पाकिस्तान से अब तक चार युद्ध लड़ने पड़ गये हैं। इसके अतिरिक्त भारत-पाक सीमा पर लगायी गयी कंटीली तारें, और कश्मीर को दिया जाने वाला बार-बार का विशेष पैकेज सेना के रखरखाव पर होने वाला व्यय यदि इन सब पर भी ध्यान दिया जाये तो भारत इन सब पर इतनी राशि व्यय कर चुका है कि अब तक भारत के प्रत्येक गांव को सड़क, बिजली, स्कूल और अस्पताल दिये जा सकते थे। यदि सावरकर की सोच पर हम काम करते तो सिन्धु चाहे हमें नहीं मिलती पर कश्मीर से हम अब तक अवश्य निश्चिन्त हो गये होते। **सावरकर की उपेक्षा का ही परिणाम है कि हमने इतनी बड़ी राष्ट्रीय क्षति उठा ली है। सावरकर की नीति पर चलकर पाकिस्तान के प्रति भारत की विदेश नीति भी दूसरे ही प्रकार की होती। जिसमें देशाभिमान की रक्षा करना हमारी प्राथमिकता होती।**

सत्याग्रह के स्थान पर शस्त्राग्रह हो

हम पूर्व में यह उल्लेख कर चुके हैं कि सावरकर जी का अनशन, धरना-प्रदर्शन, सत्याग्रह तथा ऐसी ही उन गतिविधियों में कोई विश्वास नहीं था जिन्हें उस समय के कांग्रेसी नेता अपना रहे थे। वैसे ये सारे उपाय लोकतंत्र में नागरिकों के मौलिक अधिकार होते हैं। जिन्हें लोग भाषण और अभिव्यक्ति की स्वतंत्रता और शान्तिपूर्ण सभाओं के आयोजन व धरना प्रदर्शन के नाम पर अपनाते हैं। कहने का अभिप्राय है कि यदि शासन और शासक लोकतांत्रिक और संवेदनशील हैं तो उन्हें थोड़ा सा सही रास्ते पर लाने के लिए इन लोकतांत्रिक उपायों को अपना लिया जाता है। पर जब शासन और शासक तानाशाह हों और अत्याचार करने में कीर्त्तिमान स्थापित कर रहे हों, जब लुटेरे और अपराधी लोग कानून बनाकर स्वयं को दूध का धुला हुआ सिद्ध करने के लिए सारी न्यायिक और प्रशासनिक मशीनरी का दुरूपयोग करने के अभ्यस्त हो गये हों तब 'सत्याग्रह' की बात करना नितान्त मूर्खतापूर्ण है। ऐसे शासन और शासक के विरूद्ध सावरकर जी शस्त्राग्रह के समर्थक थे। अंग्रेजों के विरूद्ध 1857 ई. में सारा भारत उठ खड़ा हुआ तो उनका दमन चक्र और भी

अधिक क्रूरता से चला। यदि वह प्यार से मानने वाले होते और भारत के लोगों के लोकतांत्रिक अधिकारों की उन्हें तनिक सी भी चिन्ता होती तो वे 1857 के पश्चात यहां पर अगले 90 वर्ष तक लोगों के लोकतांत्रिक अधिकारों को देने के लिए कार्य कर रहे होते। तब उन्हें किसी भी स्थिति में भारत से भागने के लिए भारत के लोग खड़े ही नहीं होते। वैसे भी भारत तो 'अतिथि देवो भवः' की परम्परा में विश्वास रखने वाला देश रहा है। इसने हर उस अतिथि का सत्कार किया है जिसने अपना धर्म निभाकर हमारे आतिथ्य को स्वीकार किया है। इसके विपरीत भारत ने हर उस लुटेरे और अत्याचारी शासन और शासक का विरोध किया है, जिसने लोगों के मौलिक अधिकारों का हनन किया और नरसंहारों के कीर्त्तिमान स्थापित करने में गर्व और गौरव की अनुभूति की। सावरकर इन दोनों परम्पराओं में विश्वास करते थे। **जिन लोगों ने इस देश को अपनी पवित्र भूमि, पितृभूमि, और पुण्य भूमि मान लिया और इसके निवासियों के साथ एक रस हो गये, ऐसे मिल गये जैसे कि दूध में शक्कर मिल जाती है, उन्हें सावरकर जी प्रेम की दृष्टि से देखते थे। परन्तु जिन लोगों ने इस देश में रहकर भी नींबू धर्म का निर्वाह किया और इस देश के एकरस समाज के दूध को नींबू की भांति फाड़ने का कार्य करते रहे—उन्हें सावरकर जी ने गले लगाना कभी भी उचित नहीं समझा। ऐसे लोगों के लिए वह शस्त्राग्रह को ही उपयुक्त मानते थे।**

अहमदाबाद अधिवेशन के अध्यक्षीय भाषण में उन्होंने कहा था—**"हम हिन्दुस्तान की पूर्ण स्वाधीनता चाहते हैं। फ्रेंच हिन्दुस्तान, पोर्तुगीज हिन्दुस्तान, इन नामों का उच्चारण भी हमारे कानों के लिए असहय एवम् हमारी मूर्खता का प्रतीक है। इस कृत्रिम और बलात् किये गये राजकीय विभाजन को हमें पूरी तरह से समाप्त करके अखण्ड हिन्दुस्थान बनाने की शपथ लेनी चाहिए। हम हिन्दुओं को दृढ़ता के साथ घोषित करना चाहिए कि कश्मीर से रामेश्वरम् तक एवम सिन्धु से आसाम तक एक अखण्ड संयुक्त एवम अभिन्न हिन्दुस्तान ही हमें मान्य होगा। हमें गोवा, पांडिचेरी आदि को पुर्तगाली दासता से मुक्त कराने के लिए भी संघर्ष करना होगा।"**

1955 में देश में **'गोवा मुक्ति आन्दोलन'** चला था। तब समस्त देश से सत्याग्रही जत्थे गोवा की ओर चल दिये थे। सावरकर जी इन सत्याग्रही जत्थों को देखकर आश्चर्यचकित थे, वे सोचते थे कि हमारे लोग सत्याग्रही जत्था बनाकर गोवा में केवल मरने के लिए ही क्यों जा रहे हैं? क्या ही अच्छा हो कि

ये लोग मारने के लिए भी जायें? उसी समय मेरठ का एक सत्याग्रही जत्था दैनिक 'प्रभात' के सम्पादक वि. सा. विनोद जी के नेतृत्व में जा रहा था। इन लोगों ने बम्बई पहुंचकर सावरकर जी से आशीर्वाद लेना उचित समझा और उनसे मिलने के लिए उनके आवास पर गये। तब सावरकर जी ने श्री विनोद जी से कहा था–**"आप क्रान्ति भूमि मेरठ से इतनी दूर गोवा को मुक्त करने की अभिलाषा से गोलियां खाने, बलिदान देने आये हो यह आप लोगों की देश भक्ति का परिचायक है। किन्तु सशस्त्र पुर्तगाली दानवों के सम्मुख आप निःशस्त्र खाली हाथ, मरने को जाओ यह नीति मैंने कभी ठीक नहीं समझी, न अब ठीक समझता हूं। जब आप लोगों के हृदय में बलिदान देने की महान भावना है तो आप लोग हाथों में राइफलें क्यों नहीं ले जाते? शस्त्रास्त्रों से सुसज्जित होकर जाओ और दुश्मन को मारकर मरो।"**

सावरकर जी की मान्यता थी कि यदि मरने के लिए मन बना लिया है तो दुश्मन को मारकर मरो, यही अच्छा है। इसलिए देश सेवा का व्रत लेते समय स्मरण रखो कि सत्याग्रह नहीं शस्त्राग्रह की बात करेंगे।

सावरकर जी ने उन लोगों से आगे अपनी बात को जारी रखते हुए पुनः कहा–

"गोवा की मुक्ति का काम तो सरकार को सेना को सौंप देना चाहिए। सशस्त्र सैन्य कार्यवाही से ही गोवा मुक्त होगा। सत्याग्रह के स्थान पर शस्त्राग्रह से ही सफलता मिलेगी।" सावरकर जी का यह कथन उचित ही था, उस समय अपनी सरकार देश में काम कर रही थी। सरकार भी पूर्ण सार्वभौम अधिकार रखने वाली सरकार थी। तब देश के लोगों को गोवा मुक्ति के लिए जत्थे बनाने की आवश्यकता क्या थी? सरकार को ही अपना राष्ट्रधर्म निभाते हुए गोवा में सैन्य कार्यवाही कर देनी चाहिए थी। कुछ समय बाद ऐसा ही हुआ। साबरमती के सन्त का 'कमाल' (दे दी हमें आजादी बिना खड्ग बिना ढाल) गोवा में काम नहीं आया, और वहां सरकार को 1961 में सैन्य कार्यवाही करनी ही पड़ी।

"सत्याग्रह वहां ठीक है
जहां ठीक सरकार।
शस्त्राग्रह वहां ठीक है
जहां सरकार करे अनाचार॥"

बुद्ध नहीं युद्ध

11 मई 1957 को दिल्ली में हिन्दू महासभाई कार्यकर्त्ताओं को सम्बोधित करते हुए सावरकर जी ने कहा था–**"आप लोग धन्यवाद के पात्र हैं, कि जो आज की विषम व विपरीत परिस्थितियों में भी हिन्दू ध्वज के नीचे डटे हुए खड़े हैं। गत 20 वर्षों में जिन्होंने मुझको नेता मानकर अपमान और दरिद्रता को सहकर भी हिन्दू समाज को बलवान बनाने के हेतु कष्ट उठाये उन्हें मैं कुछ दे नहीं सका। अपना सब कुछ बलिदान करके भी आप मेरे साथ हैं। आपकी दृढ़ता, अडिगता और सिद्धान्त प्रियता को देखकर मैं प्रसन्न हूं। इस हिन्दू ध्वज को कन्धे पर रखकर आगे बढ़िये। मैं जानता हूं कि यह संघर्ष आसान नहीं है। लेकिन मैं पूर्ण आशावादी हूं, निराशावादी नहीं। आप लोग पूर्ण आशा व विश्वास के साथ आगे बढ़ो, अन्तिम विजय हमारी है। मैं केवल यह चाहता हूं कि आपमें से प्रत्येक व्यक्ति केवल एक बात का चिन्तन करता रहे कि–'मैं यदि अकेला रहूंगा तो भी अपने अखण्ड हिन्दू राष्ट्र की पुनर्स्थापना के लिए आखिर तक संघर्षरत रहूंगा।"**

इससे पहले दिन अर्थात् 10 मई 1957 को दिल्ली के रामलीला मैदान में 1857 की क्रान्ति का शताब्दी समारोह आयोजित किया गया था। तब सावरकर जी अस्वस्थ होने के उपरान्त भी उस समारोह में उपस्थित थे। लोगों ने उनका अपूर्व स्वागत किया था। उस दिन उन्होंने कहा था–**"हमारे सम्मुख दो आदर्श हैं। एक आदर्श है बुद्ध का, दूसरा है युद्ध का। हमें बुद्ध या युद्ध में से एक को अपनाना होगा। यह हमारी दूरदर्शिता पर निर्भर है कि हम बुद्ध की आत्मघाती नीति को अपनाएं या युद्ध की विजय प्रदायिनी वीर नीति को।"**

सावरकर जी की बात स्पष्ट थी कि संसार में अपनी दुर्बलता प्रदर्शन के लिए 'बुद्ध' को मत अपनाओ, अपितु आपके राष्ट्रीय नेतृत्व को एक हाथ में माला=बुद्ध=शास्त्र तो दूसरे में भाला=युद्ध=शस्त्र लेकर चलना चाहिए। जो देश इस नीति का परित्याग कर देता है वह देश विश्व में अपना अस्तित्व ही समाप्त कर लेता है। अस्तित्व की रक्षा के लिए उचित है कि आप युद्ध के उपासक बनें।

अपनी युद्ध की अवधारणा की पुष्टि के लिए ही सावरकर जी **'राजनीति का हिन्दूकरण और हिन्दुओं का सैनिकीकरण'** करने के पक्षधर थे। उन्होंने गांधीवाद या नेहरूवाद की उस विदेश नीति को भारत के लिए कभी भी

उपयुक्त नहीं माना जिसमें विजय, वीरता और वैभव के समृद्ध इतिहास को रखने वाले इस सनातन देश भारत की अहिंसावादी दब्बू छवि बनाने का प्रयास किया गया। उन्होंने चीन के साथ भारत की विदेश नीति की भी आलोचना की थी। उन्होंने कांग्रेसी **'नेतृत्व की इस नीति को भी आत्मघाती व मूर्खतापूर्ण बताया कि हम अणुबम कभी नहीं बनायेंगे।'** यद्यपि चीन के हाथों परास्त होकर बाद में इन्दिरा गांधी के काल में भारत सरकार ने अपनी नीति में परिवर्तन किया और सावरकर की बात को ही अपरोक्ष रूप से मान्यता देकर परमाणु बम बनाया। जब से भारत ने परमाणु बम की 'लाठी' हाथ में ले ली तब से ही भारत की बात को अन्तर्राष्ट्रीय मंचों पर ध्यानपूर्वक सुना जाने लगा। हमारा मानना है कि यदि सावरकर की बात को भारत का नेतृत्व 1947 में ही मान लेता तो चीन के हाथों हमारे पराजित होने का प्रश्न ही नहीं उठता। चीन विश्व नेता तब से बना है जब से उसने भारत को हराया है। यदि चीन को भारत हराता तो यह निश्चित है कि यू. एन. में जो स्थिति आज चीन की है वह भारत की होती और भारत को सुरक्षा परिषद में अपनी स्थायी सीट मंगवाने के लिए इतना संघर्ष करने की आवश्यकता नहीं पड़ती। यह संसार सीट उसके लिए छोड़ता है जिसके हाथ में यह 'डण्डा' (युद्ध) देखता है, न्याय और नीति की या नियम की बात करने वाले को तो यह (मजबूरी का नाम महात्मा गांधी) **'बेचारा'** कह कर उसका उपहास उड़ाता है।

कहने का तात्पर्य है कि सावरकर की युद्ध या बुद्ध की नीति भी उपयुक्त ही थी, वह शस्त्र और शास्त्र का उचित समन्वय रखकर चलने के पक्षधर थे और आजीवन अपने इसी सिद्धान्त के प्रति वह समर्पित भी रहे।

1962 में चीनी आक्रमण के समय नेहरू सरकार की नीतियों पर बरसते हुए उन्होंने कहा था–**"भारत के शासनाधिकारियों को यह भली प्रकार समझ लेना चाहिए कि आज के युग में जिसकी सेना (शक्ति) उसका राज सुरक्षित है का सिद्धान्त ही व्यावहारिक हैं। यदि हमारे शत्रु चीन के पास अणु बम है, हाइड्रोजन बम है, तो हमें उसके मुकाबले के लिए उससे भी अधिक शक्तिशाली बमों की आवश्यकता है, जिनके निर्माण के लिए हमें प्रयत्नशील रहना ही चाहिए। 'हम अणुबम कदापि नहीं बनायेंगे' की घोषणा मूर्खता व कायरता का ही परिचायक है।"**

जब 1962 ई. में चीन ने भारत पर आक्रमण किया तो सत्य, अहिंसा,

प्रेम, बन्धुत्व आदि की आरती में निमग्न हमारे राष्ट्रीय नेतृत्व की आंखें खुलीं और उसे पता चला कि संसार में रहकर आदर्शों को कोई तभी पूछता और पूजता है जब आदर्शों की बात करने वालों के हाथ में लाठी होती है। इस्लाम और ईसाइयत आज विश्व में अपने शासकों की 'लाठी' के कारण ही फैल गये हैं। जबकि सत्य, अहिंसा के पुजारी भारत ने अपनी सीमाएं भी घटायी हैं और अपना धर्म भी घटाया है। यदि सत्य और अहिंसा का आदर्श ही हमारी रक्षा कर रहा होता तो हम आज भी चक्रवर्ती साम्राज्य के स्वामी होते और सम्पूर्ण भूमण्डल पर हमारा ही अधिकार होता।

1962 के आक्रमण से सावरकर जी को असीम वेदना हुई थी। तब उन्होंने कहा था–**"काश! 'अहिंसा', 'पंचशील' व विश्वशान्ति के भ्रम में फंसे ये शासनाधिकारी मेरे सुझाव को मानकर सबसे पहले राष्ट्र का सैनिकीकरण कर देते तो आज हमारी वीर व पराक्रमी सेना चीनियों को पीकिंग तक खदेड़ कर उनका मद चूर-चूर कर देती। किन्तु अहिंसा व विश्वशान्ति की काल्पनिक उड़ान करने वाले ये 'महापुरूष' न जाने कब तक देश के सम्मान को अहिंसा की कसौटी पर कसकर परीक्षण करते रहेंगे।"**

"शस्त्र हाथ में लीजिए
शान्ति की रक्षार्थ।
शास्त्र सुरक्षित हो तभी
फूले फले परमार्थ ॥"

जैसे ही चीन से भारत पराजित हुआ तो सारे देश में नेहरू सरकार के विरूद्ध आक्रोश भड़क उठा। लोगों ने इस बात का बहुत बुरा माना कि स्वतंत्रता के पश्चात 15 वर्ष मिलने पर भी सरकार ने देश की सुरक्षा की ओर कोई ध्यान नहीं दिया। उस समय देश के रक्षामंत्री कम्युनिस्ट विचारधारा से प्रभावित कृष्णा मेनन थे, जिन्हें चीन से लगाव था। इसलिए उस व्यक्ति की युद्ध से पूर्व और युद्ध के पश्चात की भूमिका पर देश की संसद में विपक्ष ने नेहरू सरकार को कठघरे में खड़ा कर लिया। नेहरू जी उस समय वृद्धावस्था में थे और उन्हें लगने लगा था कि यदि जनाक्रोश को शान्त नहीं किया गया तो कुछ भी सम्भव है। तब उन्हेंाने अपने रक्षामंत्री कृष्णा मेनन को उनके पद से हटा दिया। यशवन्तराव बलवन्तराव चव्हाण को देश का नया रक्षामंत्री बनाया गया, जो कि मूल रूप से महाराष्ट्र के थे। उन्हें सावरकर जी ने रक्षामंत्री

बनने पर अपना बधाई सन्देश भेजा। जिसमें कहा गया था–**"आप वीर भूमि महाराष्ट्र के निवासी हैं, अतः मुझे पूर्ण विश्वास है कि आपके दृढ़ नेतृत्व में हमारा रक्षा विभाग अविलम्ब शक्तिशाली व दृढ़ नीति अपनाकर राष्ट्र की स्वाधीनता की रक्षा में पूर्ण समर्थ होगा।"**

सावरकर जी ने पं. नेहरू को 15 जनवरी 1961 को पुणे में **'मृत्युंजय'** समारोह में भाषण देते हुए सचेत किया था कि सहजीवन और सह-अस्तित्व की धारणाएं कितनी खोखली हैं? उन्होंने कहा था–**"बेचारे पं. नेहरू सहजीवन और सह अस्तित्व जैसी (खोखली) मोहक कल्पना के शिकार बन गये। सह जीवन दो प्रकार का होता है। एक तो वह जो समान शक्ति वाले (तुल्य बल) देशों में होता है और दूसरा जो व्याघ्र और बकरी का होता है। हमारे भाग्य में दूसरी किस्म का सहजीवन ही क्यों आया? जो चीन फार्मोसा की मुक्ति नहीं कर सका, और न आकोव जैसा छोटा सा द्वीप पुर्तगाल से ले सका, वह भारत का सहस्रों मील का प्रदेश हड़प जाता है। इस घटना का एक ही कारण है हमारी शक्ति की उस पर धाक नहीं। भय नहीं।**

'हम युद्ध नहीं करेंगे' ऐसी जिनकी घोषणा हो उनसे भय कौन मानेगा?"

सावरकर जी नेहरू सरकार की ढुलमुल विदेश नीति के विरोधी थे। नेहरू सरकार पड़ोसी देशों से अपने भूभाग की सुरक्षा करने में निरन्तर असफल हो रही थी। पहले टूटा-फूटा हिन्दुस्तान लेकर 15 अगस्त 1947 को गलती की फिर पाकिस्तान को कश्मीर के बड़े भूभाग पर अधिकार करने दिया यह सब नेहरू जी की असफल विदेश नीति के परिणाम थे। उनकी असफल विदेश नीति के कारण ही चीन ने उन्हें **'पंचशील'** के मकड़जाल में फंसा लिया था। श्रीलंका और नेपाल जैसे छोटे-छोटे देश भी भारत का बड़े भाई जैसा सम्मान नहीं करते थे। पाकिस्तान तो हर बात पर पहले दिन से ही धमकाने की स्थिति में रहता था। पड़ोसी देशों की ऐसी उपद्रवकारी स्थिति को देखकर सावरकर जी को बड़ी वेदना होती थी। वह पं. नेहरू को कदम-कदम पर सावधान करते रहे, परन्तु नेहरू जी ने उनकी एक भी बात नहीं मानी। 18 अप्रैल 1953 को मुम्बई में एक सभा में भाषण करते हुए सावरकर जी ने कहा था–**"जिस राष्ट्र में शक्ति पूजा नहीं होती, उसकी प्रतिष्ठा कौड़ी की कीमत की भी नहीं होती।"**

भारत की प्रतिष्ठा का पता लगाने के लिए कहीं दूर जाने की आवश्यकता

नहीं। हिन्दुस्थान के पड़ोस में स्थित श्रीलंका अपने यहां के भारतीयों के साथ अच्छी तरह पेश नहीं आता, फिर भी हमारी भारत सरकार कुछ नहीं कर पाती। यही क्यों? पश्चिमी और पूर्वी पाकिस्तान में हिन्दुओं पर घोर अत्याचार होते हैं। वे हमारी सीमा में घुसकर खेत काट ले जाते हैं, पशुओं को उठा ले जाते हैं, पर हमारी भारत सरकार इसके विरोध में क्या करती है? केवल विरोध पत्र भेज देने मात्र से क्या वे बाज आये हैं?"

पाकिस्तानी हिन्दुओं के प्रति सावरकर जी जीवन भर संवेदनशील बने रहे। 1947 में जो हिन्दू पाकिस्तान में रह गये थे उनको हमने मरने के लिए भेड़ियों के सामने डाल दिया था। एक प्रकार से वे लोग जेल में बन्द कर दिये गये थे, जहां धीरे-धीरे उनका अन्त हो जाना था।

इस प्रकार गांधी जी की अहिंसा ने लगभग ढाई-तीन करोड़ हिन्दुओं को पाकिस्तान में मुस्लिमों की हिंसा का शिकार बनाने के लिए छोड़ते समय तनिक भी इस बात पर विचार नहीं किया कि उनका वहां क्या हाल होगा? एक देश को स्वतंत्रता मिले और वह उस स्वतंत्रता को पाते समय अपने ढाई तीन करोड़ बन्धुओं को मरने के लिए या घुट-घुट कर अपमानित होने के लिए भेड़ियों के सामने छोड़ दें तो आप क्या कहेंगे? यह बात आज सच सिद्ध हो गयी है कि हमने अपनी स्वतंत्रता की प्राप्ति के लिए जुआ पर जिन ढाई तीन करोड़ निज बन्धुओं को दांव पर लगाया था–उनको पाकिस्तान ने लगभग मिटा ही दिया है। यह हमारी हार है और अहिंसा व सत्य के आधार पर पायी गयी आजादी का सबसे घृणास्पद पक्ष भी है। सावरकर जी इस व्यवस्था के विरोधी थे। वह आजादी मिलने पर भी पाकिस्तान में रह गये हिन्दू भाइयों की सुरक्षा के लिए चिन्तित रहे। जबकि भारत की सरकार ने उनके प्रति आंखें ही मूंद ली थीं। उसने सोच लिया था कि पाकिस्तान की सरकार अपने हिन्दू नागरिकों के साथ जैसा व्यवहार करे तो करे, यह उसका अपना भीतर का और निजी विषय है। तब भारत सरकार की सत्य, अहिंसा, बन्धुत्व और मानवतावाद की गांधीवादी विचारधारा अत्यन्त संकीर्ण हो गयी थी।

सावरकर जी ने 1955 में जोधपुर में आयोजित हिन्दू महासभा के अधिवेशन में भाषण करते हुऐं कहा था–**"जब तक देश की राजनीति का हिन्दूकरण और हिन्दू का सैनिकीकरण नहीं किया जायेगा, तब तक भारत की स्वाधीनता, उसकी सीमाएं उसकी सभ्यता व संस्कृति सुरक्षित नहीं रह सकेगी।**

मेरी तो हिन्दू युवकों से यही अपेक्षा है, यही आदेश है कि वे अधिकाधिक संख्या में सेना में भरती होकर सैन्य विद्या का ज्ञान प्राप्त करें, जिससे समय पड़ने पर वे अपने देश की स्वाधीनता की रक्षा में योग दे सकें।"

जब देश आजाद हुआ था तो भारत के छोटे-छोटे पड़ोसी देश (जो कभी भारत का ही अंग रहे थे) यथा नेपाल, बर्मा, भूटान ने भारत के साथ मिलकर काम करने की इच्छा व्यक्त की थी।

ऐसा भी कहा जाता है कि इन्होंने भारत के साथ विलय का भी प्रस्ताव रखा था, परन्तु उस समय के हमारे प्रधानमंत्री ने कह दिया था कि भारत साम्राज्यवाद के विरूद्ध है। फिर भी इन देशों ने भारत को अपना धर्म का ज्येष्ठ भ्राता स्वीकार किया और इसके साथ ही अपने लिए आश्रय माना परन्तु हमारी शिथिल विदेश नीति ने इन देशों का विश्वास तोड़ दिया।

15 जनवरी 1961 को पुणे में **'मृत्युंजय'** समारोह में भाषण देते हुए सावरकर जी ने कहा था–**"भारत के स्वतंत्र होते ही नेपाल, भूटान, सिक्किम आदि पड़ोसी छोटे राष्ट्र एवम् वृहत्तर भारत के देश उसे अपना सहारा समझने लगे थे, किन्तु हमारी दुर्बल नीति के फलस्वरूप हमने उनका यह विश्वास खो दिया और ये देश हमारे सहयोग के लिए चीन का मुंह ताक रहे हैं। और तो और नागा विद्रोह तक को हम दबा नहीं पाये।**

राजनीतिक समस्याएं हृदय परिवर्तन से हल कदापि नहीं होतीं, न विरोध पत्र भेजने से वे समाप्त की जा सकती हैं। इसके लिए हमें कड़ी व शक्तिशाली कार्यवाही करनी होगी। अपनी सेना को आधुनिकतम व शक्तिशाली बनाना होगा। हमारी विकास योजनाएं तभी तक चल पायेंगी जब तक हम देश को लुटेरों के आक्रमण के मुकाबले के लिए तैयार रख सकेंगे। इसीलिए विकास योजनाओं के साथ-साथ रक्षा को प्राथमिकता दिया जाना आवश्यक है।"

अध्याय–13

गांधी वध और सावरकर

गांधी जी और नेहरू जी से सावरकर के जीवन भर मौलिक मतभेद रहे। सावरकर की विचारधारा को गांधी और नेहरू पसन्द नहीं करते थे तो गांधी और नेहरू की विचारधारा को देश के लिए सावरकर पसन्द नहीं करते थे। इस प्रकार नीतिगत मतभेदों के चलते सावरकर गांधी और नेहरू के धुर विरोधी थे। देश की विभाजन की बात को मानकर कांग्रेस के गांधी नेहरू ने इन मतभेदों को और भी गहरा कर दिया था। सावरकर के लिए देश विभाजन की वेदना असहनीय थी।

उस समय की परिस्थितियां ऐसी थीं कि देश विभाजन से दुःखी लोग कुछ भी कर सकते थे। ऐसे में भी गांधी जी का आचरण कई मामलों में ऐसा हो गया था जिससे लगने लगा था कि गांधी जी अपने मुस्लिम प्रेम के सामने इस समय हिन्दू विरोध पर उतर आये हैं। इतना ही नहीं उन्हें पाकिस्तान के प्रति भी सहानुभूति और प्रेम प्रकट करने में कोई संकोच नहीं हो रहा था। जबकि पाकिस्तान की ओर से आने वाले हिन्दुओं पर जो अत्याचार वहां ढहाये जा रहे थे, उसे सुन-सुनकर लोगों का कलेजा फटा जा रहा था।

निज धर्म के वास्ते
छोड़ चले निज देश।
मारे मारे फिर रहे
मिटते कष्ट क्लेश ॥

उस समय भी गांधी जी ने पाकिस्तान की मांग पर भारत सरकार को उसे 55 करोड़ रूपया देने का दबाव बना दिया। भारत की सरकार ने जब इसमें असमर्थता प्रकट की तो उन्होंने इस मांग को लेकर अनशन करना आरम्भ कर दिया और अन्ततः भारत सरकार को अपनी जिद के सामने झुका ही लिया। इससे उनके निर्णयों से आहत लोगों को और भी बुरा लगा। ऐसी

और भी कई बातें थीं जो उस समय के युवा वर्ग को गांधी जी के विरोध में खड़ा कर रही थीं।

तब 30 जनवरी सन् 1948 को दिल्ली में प्रार्थना सभा में गांधी जी की हत्या कर दी गयी। हत्या करने वाला युवक नाथूराम गोडसे था। गोडसे गांधी जी की नीतियों को देशहित में कतई उचित नहीं मानते थे, उनके साथियों को भी लगा कि गांधी जी इस समय राष्ट्रविरोधी बातों पर उतर आये हैं। ऐसे में उन्होंने गांधी हत्या का कार्य कर दिया। उस समय सावरकर जी बम्बई स्थित अपने घर **'सावरकर सदन'** में ही थे। गोडसे का सम्बन्ध हिन्दू महासभा से माना गया। इसलिए लोगों ने गांधी जी की हत्या में सावरकर जी का हाथ माना तब उग्र भीड़ ने **'सावरकर सदन'** को जा घेरा और वहां तोड़-फोड़ करने लगी। सावरकर जी उस समय अपने आवास पर ही थे। गांधी हत्या 30 जनवरी की सायं की गयी थी तो **'सावरकर सदन'** को घेरने की घटना 31 जनवरी की थी। तब सावरकर जी के साथ उनका इकलौता पुत्र विश्वास भी था। पिता ने पुत्र को वहां सें सुरक्षित निकल जाने की सलाह दी। परन्तु पुत्र भी तो विश्वास था। अतः उसने विश्वास दिलाया कि वह उन्हें अकेला छोड़कर वहां से जाने वाला नहीं है। परिणाम चाहे जो हो।

तब सावरकर भी उस भीड़ का सामना करने के लिए सशस्त्र बैठ गये। इसी समय हिन्दू महासभा के लोगों को यह जानकारी हो चुकी थी कि कुछ असामाजिक लोग **'सावरकर सदन'** पर हमला कर सकते हैं। अतः हिन्दू महासभा के कार्यकर्त्ता बड़ी संख्या में सावरकर सदन पहुंच गये और **'सावरकर सदन'** को घेरे खड़ी गुण्डों की भीड़ को उन्होंने वहां से मार भगाया। यद्यपि भीड़ ने सावरकर जी के अनुज डॉ. नारायण राव के मकान पर हमला करके उन्हें पत्थरों से अधमरा कर दिया था और बाद में उनका निधन भी हो गया था।

उस समय घर की तलाशी लेने के बाद पुलिस ने सावरकर जी को पुलिस सुरक्षा देने का प्रस्ताव रखा था। जिसे उन्होंने यह कहकर ठुकरा दिया कि वे अपनी सुरक्षा करने में समर्थ हैं।

अब प्रतिक्रियावाद का नया दौर आरम्भ हो चुका था। सावरकर जी को घेरने के लिए और उनका उत्पीड़न करने के लिए नेहरू सरकार भी सक्रिय हो चुकी थी। सावरकर को जमीन में गाड़ने का नेहरू सरकार ने यह स्वर्णिम

अवसर माना था। इसलिए 5 फरवरी 1948 की प्रातः काल उच्च पुलिस अधिकारी सावरकर सदन में प्रवेश करते हैं और सावरकर जी को गिरफ्तार करने का प्रस्ताव उनके समक्ष रखते हैं। जिसे सावरकर जी ने सहर्ष स्वीकार कर लया। जब पुलिस अधिकारी सावरकर जी को गाड़ी में बैठाने लगे तो सावरकर जी ने शौचालय जाने की इच्छा व्यक्त की। जिस पर पुलिस अधिकारी कुछ सावधान से हुए, उन्हें सावरकर जी के जहाज से समुद्र में कूद जाने की घटना का स्मरण हो आया। सावरकर जी पुलिस अधिकारी के चेहरे की भाव भंगिमा को समझ गये थे। तब उन्होंने मुस्कराकर कहा–**"आप चिन्ता न करें, अब मैं बूढ़ा हो गया हूं तथा मार्सेल्स की पुनरावृत्ति की आवश्यकता भी नहीं समझता।"**

गिरफ्तारी के पश्चात सावरकर जी को बम्बई की आर्थर रोड जेल में ले जाकर डाला गया। कुछ काल के पश्चात उन्हें दिल्ली के लालकिले में लाकर अन्य अभियुक्तों नाथूराम गोडसे, आप्टे, करकरे, बडगे, मदनलाल पाहवा, गोपाल गोडसे, डॉ. दत्तात्रेय आदि के साथ रखा गया।

उस समय हिन्दू महासभा के राष्ट्रीय अध्यक्ष श्री एल. बी. भोपटकर थे। उन्होंने सावरकर जी के बचाव के लिए अन्य हिन्दू महासभाई नेताओं के साथ मिलकर विचार विमर्श किया। संगठन के नेताओं ने सावरकर जी जैसे अपने क्रान्तिकारी नेता के बचाव के लिए लाला गणपत राय, जमनादास मेहता, व श्री एम. पी अय्यर जैसे स्वनामधन्य और ख्याति प्राप्त वकीलों को खड़ा किया। गांधी हत्या का यह मुकदमा विधिवत मई 1948 के अन्त से प्रारम्भ हो गया। इससे पूर्व अंग्रेजों की कार्य प्रणाली के आधार पर काम करने वाली पुलिस ने बड़गे को मुखबिर बना लिया। जिससे कि अभियुक्तों को मनपसन्द दण्ड देने में सुविधा हो सके। इस गद्दार बड़गे ने न्यायालय में वही कहा जो पुलिस ने उससे कहलवाया। उसने न्यायालय को बताया कि गांधी हत्या से पूर्व गोडसे व आप्टे 17 जनवरी को 'सावरकर सदन' गये थे। तब सावरकर ने उन्हें न केवल गांधी हत्या के लिए आशीर्वाद दिया था अपितु सोहरावर्दी और जिन्ना की हत्या के लिए भी उकसाया था। उस समय कम्युनिस्ट विचारधारा के लोग और सावरकर जी से व्यक्तिगत जलन रखने वाले बहुत से क्रांतिकारियों की यही इच्छा थी कि सावरकर को किसी प्रकार कठोर दण्ड की चपेट में ले लिया जाये।

देश की जनता राजनीति के उस गिरे हुए स्तर को देख रही थी। उसे प्रतिशोध की राजनीति पर उतर आयी कांग्रेस की चाल, चरित्र और चेहरा अच्छे नहीं लग रहे थे। इसलिए जनता अपने ढंग से सावरकर जी को इस षड्यन्त्र से मुक्त कराने का कार्य कर रही थी।

पुलिस ने गोडसे व आप्टे को भी अपने बयानों के लिए न्यायालय में उपस्थित किया। उन्होंने स्पष्ट कर दिया कि गांधी हत्या में सावरकर जी का कोई योगदान नहीं है। उन्होंने यह भी स्पष्ट कर दिया कि गांधी जी जिस प्रकार हिन्दू विरोध की राजनीति को देश में चला रहे थे, वह उन्हें पसन्द नहीं थी और गांधी जी द्वारा पाकिस्तान को 55 करोड़ रूपया दिलवाने के लिए अनशन करना तो उनके लिए पूर्णतः असहनीय हो गया था। गोडसे ने यह भी स्पष्ट कर दिया था कि वह इस कार्य के लिए किसी के आशीर्वाद की आवश्यकता नहीं मानता।

सावरकर जी ने अपने बयान न्यायालय में 20 नवम्बर 1948 को दर्ज कराये। उन्होंने अपने बयानों में स्पष्ट किया कि वह गांधी हत्या के इस केस में किसी भी प्रकार से संलिप्त नहीं हैं। उन पर झूठा केस लगाया गया है। जिससे कि उनकी प्रतिष्ठा को धूमिल किया जा सके। मेरी गांधी जी की नीतियों में कभी भी निष्ठा नहीं रही। मैं उनकी नीतियों का कटु आलोचक रहा हूं और आज भी हूं। पर नीतियों का आलोचक हो जाने का अर्थ यह नहीं कि मैं उनका हत्यारा बन जाऊं।

वैसे भी सावरकर जी ने कभी भी अपने किसी भारतीय राजनीतिक प्रतिद्वन्द्वी या विरोधी को मरवाने की राजनीति नहीं की। उन्होंने अपने क्रान्तिकारी साथियेां को विदेशी क्रूर अत्याचारी ब्रिटिश सत्ताधीशों की हत्या के लिए तो अवश्य कई बार उकसाया था।

सारे तथ्यों, कथ्यों और साक्ष्यों पर गम्भीरतापूर्वक विचार करने के उपरान्त न्यायाधीश आत्माचरण ने गांधी हत्या के इस बहुचर्चित मुकद्दमे का निर्णय किया। न्यायाधीश ने सावरकर जी को ससम्मान बरी कर दिया। जबकि नाथूराम गोडसे व आप्टे को फांसी व अन्य को आजीवन कारावास की सजा सुनायी गयी। जिस दिन सावरकर जी को जेल से रिहा किया जाना था–उस दिन लाल किले के बाहर हजारों की संख्या में लोग उनकी प्रतीक्षा कर रहे थे और उन्हें जुलूस के रूप में ले जाने को लोग आतुर थे। परन्तु सुरक्षा व्यवस्था

के दृष्टिगत ऐसा न करके प्रशासन ने उन्हें रेल से सुरक्षित बम्बई भिजवा दिया। वहां उनके स्वागत के लिए लाखों की भीड़ एकत्र हो गयी थी। लोगों ने अपने नायक का स्वतंत्र भारत में पहली बार कुछ वैसे ही स्वागत किया जैसे कभी आजीवन कारावास से छूटकर आने पर किया गया था। आज बम्बई ने एक बार फिर समय पूर्व दीपावली मनायी थी। लोगों ने अपनी प्रसन्नता व्यक्त करने के लिए दीप मालाएं जलायीं।

'नेहरू की पाक भक्ति'

गांधी जी ने पाकिस्तान को 55 करोड़ रूपये भारत से बलात् दिलाकर अपनी पाक भक्ति का परिचय दिया था। कुछ कालोपरान्त नेहरू ने भी ऐसी ही पाक भक्ति का प्रदर्शन किया। उन्होंने पूर्वी पाकिस्तान की समस्या के हल के लिए पाकिस्तान के प्रधानमंत्री लियाकत अली को आमंत्रित किया। उन दिनों मार्च 1950 में जब पूर्वी पाकिस्तान में हिन्दुओं का नर-संहार आरम्भ किया गया तो सावरकर जी ने एक वक्तव्य दिया–**"पाकिस्तान सदा-सदा के लिए भारत के लिए एक सिरदर्द बन गया है। वह भारत की शान्ति व सुरक्षा के लिए घातक सिद्ध होगा।"** इस वक्तव्य की पाकिस्तान की संसद में लियाकत अली खां ने कड़ी आलोचना की थी। तब 'नेहरू जी ने लियाकत अली खां व उसके देश को प्रसन्न करने के लिए सावरकर को 4 अप्रैल 1950 को गिरफ्तार कराकर जेल में (बेलगांव जिला जेल)' डलवा दिया था।

नेहरू जी ने तुष्टिकरण की नीति का परिचय दिया था, इसलिए देश की संस्थाओं व समाचार पत्रों ने उनके इस कदम की आलोचना की। इस प्रकार कांग्रेस ने अपनी हिन्दू विरोध की राजनीति को धर्मनिरपेक्षता की राजनीति बताकर प्रारम्भ से ही सिद्ध कर दिया था कि हिन्दू चाहे पाकिस्ताम में मरें चाहे हिन्दुस्थान में मरें-कटें उस पर चुप रहना ही नेहरू जी ने धर्मनिरपेक्षता के रूप उसे अपनी स्वीकृत प्रदान की।

अध्याय–14

अन्तिम समय की ओर

जीवन जीना एक कला है
किसने यह नहीं माना?
निष्फल जीवन उसका होता
जिसने जीवन मूल्य न जाना ॥

साधना मान जीवन जो जीते
युग-युग तक वे जग में जीते।
जिनके जीवन व्यर्थ में बीते,
वे किसके पथ प्रदर्शक मीते?

जीवन उन्हीं का सार्थक होता है जो जीवन को जगत के जीवना-धार की भांति यज्ञोमयी अर्थात् परमार्थ के पुरूषार्थ में लगा देते हैं। जगत के इस अनन्त जीवन पथ पर उसका जीवन एक प्रकाश स्तम्भ बन जाता है जो जीवन को दूसरों के लिए समर्पित करके जीने की कला जान जाता है। भारत की संस्कृति जगत में इसीलिए महान कही जाती है, कि यह संस्कृति मानव को जगत के लिए तैयार करती है, जगत को मानव के लिए नहीं।

सावरकर का जीवन राष्ट्रीय जीवन था। राष्ट्रीय जीवन का अभिप्राय बड़ा आदमी हो जाना नहीं है, अर्थात् धन दौलत, पैसा कमाने में या राजनीतिक पद प्राप्त कर इतिहास में स्थान बना लेना नहीं है। इसका अभिप्राय है अपने आपको निःस्वार्थ भाव से अपने देश, धर्म व संस्कृति की रक्षार्थ सहज भाव से यज्ञीय भाव से सौंप देना, और उस सौंपने का न तो कोई मोल मांगना और न उसका किसी पर उपकार दिखाना। सावरकर जी ने सारा जीवन इसी भाव से जीया। उन्होंने हार कभी नहीं मानी और ना ही किसी बड़ी से बड़ी तोप का सामना करने से पीछे हटे। उन्होंने संघर्ष किया और न्याय व नैतिकता के लिए

संघर्ष किया। उस संघर्ष ने उन्हें महाराष्ट्र से उठाकर भारत रूपी विशाल राष्ट्र का शिरोमणि बना दिया। वह क्रान्तिवीर कहलाये, स्वातंत्र्यवीर कहलाये। यदि उन्हें स्वतांत्र्यवीर कहा जाता है तो वह उनके लिए बहुत बड़ा पुरस्कार है। क्योंकि यह सम्मान भारत के अन्य किसी स्वतंत्रता सेनानी को नहीं मिला।

हमारा यह स्वातंत्र्यवीर अब वृद्धावस्था की ओर चल रहा था। उसी समय लाल बहादुर शास्त्री जैसे एक सुयोग्य प्रधानमंत्री का प्रादुर्भाव हुआ। उनके काल में पाकिस्तान ने भारत पर आक्रमण करने का दुस्साहस किया था। तब शास्त्री जी ने उस युद्ध में भारत का जिस प्रकार नेतृत्व किया था, उससे सावरकर जी बड़े प्रसन्न थे। उस समय सावरकर जी मृत्यु शयूया पर थे। शास्त्री जी ने भारतीय सेना को काश्मीर से कच्छ तक आगे बढ़ने का निर्देश व आदेश दिया।

शास्त्री जी की ऐसी वीरता और साहसपूर्ण बौद्धिक क्षमता एवम नेतृत्व को देखकर सावरकर जी अपने रोग को भूलकर भी प्रसन्नता व्यक्त कर रहे थे। उनका चेहरा खिल उठा था। जब हमारे सैनिक लाहौर की ओर बढ़ते जा रहे थे तब तो उन्हें और भी अधिक प्रसन्नता हो रही थी। उन्हें लगने लगा था कि शास्त्री जी हमारी सिन्धु से पुनः भेंट कराने का अवसर उपलब्ध कराने वाले हैं। जब उन्हें कोई बताता कि हमारे वीर सैनिक किस प्रकार पाकिस्तानी सेना को डोगराई, कारगिल, और हाजीपीर दर्रे से खदेड़ रहे हैं, और पाकिस्तान के पैटन टैंकों के धर्रे उड़ाये जा रहे हैं, तो वह उछल पड़ते। एक वीर के लिए और एक परम देशभक्त के लिए ऐसे समाचारों से उत्तम कोई समाचार हो भी नहीं सकता था। वह जिस उद्‌देश्य के लिए जिये थे अर्थात् अखण्ड भारत की स्वतंत्रता के लिए–वह उद्‌देश्य उनसे 1947 में किये गये छल से छीन लिया था। अब जीवन की सन्ध्या में उन्हें पुनः आशा बंध रही थी कि वह एक बार पुनः 'अखण्ड भारत' को देख सकेंगे।

सावरकर जी की शयूया के पास दीवार पर लटके भारत के मानचित्र को देखकर सावरकर जी उस पर अंगुली रखकर, पास खड़े लोगों को समझाने लगते–**"इस बार शत्रु हमारे जाल में घिर जायेगा। तनिक तेजी से यदि हमारी विजय वाहिनी सेना बढ़ी और बस एक बार फिर लाहौर हाथ में आ जायेगा। तब फिर रावल पिण्डी क्या, काबुल तक हम मंजिल मार सकते हैं।"**

उनके इन शब्दों में कितनी देशभक्ति की भावना झलकती है? उनकी

तड़पन है इन शब्दों में। आज वह अपने देश का शस्त्रगत और **'बुद्ध नहीं युद्ध'** में विश्वास रखने वाले प्रधानमंत्री शास्त्री को देख रहे थे। यह वही शास्त्री जी थे, जिन्होंने उन्हें स्वतंत्रता सेनानी का मानदेय देना भी आरम्भ किया था। कहने का अभिप्राय है कि शास्त्री जी ने सावरकर जी की नीतियों को देश भक्तिपूर्ण माना और उनके योगदान को स्वतंत्रता संग्राम के इतिहास के लिए उपयोगी माना था। ऐसे प्रधानमंत्री शास्त्री से सावरकर को अपेक्षा भी थी कि वह लाहौर को बहुत शीघ्र नियंत्रण में लेकर पुनः मां भारती की गोद में डाल देंगे।

जब शास्त्री जी के कदम निरन्तर आगे बढ़ते जा रहे थे, तब उन पर रूस का कूटनीतिक दबाव बढ़ना आरम्भ हो गया। रूस ने शास्त्री जी को दबाव में ले लिया था, उनके भारतीय राजनीतिक प्रतिद्वन्द्वी उन्हें नेहरू से आगे निकलता देखकर जल उठे थे। कुछ कहा नहीं जा सकता। पर इतना सत्य है कि शास्त्री जी पर दबाव बन गया था कि सेनाओं को आगे बढ़ने से रोका जाये। तब शास्त्री जी ने अचानक हमारी आगे बढ़ती सेनाओं को रूक जाने का अर्थात् युद्ध विराम का आदेश दे दिया। इस पर सावरकर जी को फिर विषाद और पीड़ा ने आकर घेर लिया।

जब शास्त्री जी को ताशकन्द में घेर कर **'ताशकन्द समझौता'** पर हस्ताक्षर करने के लिए विवश किया गया तो सावरकर जी ने कहा था–

"हजारों वीर सैनिकों ने अपना बलिदान देकर जो विजयश्री प्राप्त की, उसे ये गांधीवादी नेता गंवा देंगे, अब इनसे किंचित भी आशा करना व्यर्थ है।"

सावरकर जी का अब जीवन के प्रति मोहभंग हो चुका था। उन्हें लगने लगा था कि भारत युद्ध में जीतकर भी वार्ता की मेज पर हार गया है और हमारे बलिदानी सैनिकों का बलिदान व्यर्थ चला गया है। उनके लिए जो परिस्थितियां अनुकूल बनती दिखायी दे रही थीं उनके विषय में भी उन्हें लगा कि सम्भवतः अब वे दुबारा इस प्रकार कभी नहीं बनेंगी। अतः सावरकर जी ने अब औषधि लेना भी अस्वीकार कर दिया। उनके पुत्र विश्वास सावरकर भतीजे विक्रम सावरकर तथा निजी सचिव श्री बाल सावरकर ने डाक्टर से मिलकर उन्हें दवाई को चाय में मिलाकर पिलवाया तो उन्हें उसका ही आभास हो गया। तब उन्होंने कहा था–**"चाय में दवा देते हो तो चाय भी नहीं पीऊंगा। मैं अब जिन्दा रहना नहीं चाहता। क्या करना है अब मुझे जीवित रहकर, जो**

मेरा कर्त्तव्य था उसे निभा चुका।"

जीवन का अन्तिम लक्ष्य हाथ आते-आते जब छूट जाता है तो हर व्यक्ति की मनोदशा ऐसी ही हो जाया करती है। सावरकर जी के साथ विडम्बना यह थी कि उन्हें सदा सत्ता से ही टक्कर लेनी पड़ी थी। प्रारम्भ में अंग्रेजों से जूझते रहे तो बाद में नेहरू की सरकार से भी वह प्रसन्न नहीं रहे। उससे भी उनके मतभेद बने रहे। क्योंकि नेहरू जी की नीतियां भारत के अनुकूल नहीं थीं।

एक दिन सावरकर जी ने अपने निजी चिकित्सक डा. साठे से कहा—**"साठे अब औषधीय उपचार की कोई आवश्यकता नहीं है। तुम मेरे परम स्नेही और मेरे चिकित्सक रहे हो। आज तक मैं तुम्हारी सब बातें मानता आया हूं, अब तुम मेरी अन्तिम बात मान लो। मुझे कोई ऐसी दवा दो कि जिसे लेने के बाद मुझे फिर न बोलना पड़े।"**

कैसा अजब खेल है विधि का? जो व्यक्ति कभी घण्टों सभा में बोलने के लिए गले को साफ रखने के लिए लालायित रहा करता था, स्वर की साधना करता था, आज वह कह रहा है कि **"कोई ऐसी दवा दो जिसे लेकर फिर बोलना न पड़े।"** आज वह शब्दों को बाहर निकलने देने के लिए लालायित नहीं है, अपितु शब्दसागर को भीतर ही रोक देना चाहता है। जिन शब्दों को सुनकर कभी बाहर आग लग जाया करती थी आज उन्हें वह भीतर ही रोककर अपने हृदय स्थल में ही आग लगाकर उसी में भस्म हो जाना चाहते हैं।

"वतन की आग लेकर दिल में
चलता रहा जिन्दगी भर।
आज वही शख्स खुद की
शख्सियत को मिटा देना चाहता है।"

अब अन्तिम घड़ी निकट आती जा रही थी। 26 फरवरी 1966 का दिन था उस दिन। आज का सूर्य भारत के स्वतंत्रता समर के इस महान सूर्य के लिए अन्तिम दिन का सूर्य बनकर आया था। सूर्य से उनका मौन संवाद हुआ। उन्होंने सूर्य से कह दिया कि आज मेरा प्रतिनिधित्व आप करेंगे। आज तक मैं आपका सन्देश लेकर चल रहा था। पर आज के बाद हे अग्नि देव! अग्रणी देवता!! प्रकाश देव!!! आप मेरा सन्देश लेकर चलेंगे तो मैं आपका ऋणी होऊंगा।"

तब सूर्य देव ने अपने इस प्रतिनिधि पुत्र को **'तथास्तु'** कहकर आश्वस्त किया। सावरकर की आत्मा ने पुनः सूर्यदेव से विनम्र निवेदन किया कि हे सूर्यदेव! आप मेरे देशवासियों को सदा जागृत रखना। उन्हें जगाते रहना और सावधान करते रहना। जब तक सिन्धु का मां भारती के साथ पुनः मिलन न हो जाये, तब तक मेरे देशवासी सो न जायें। इतना ही नहीं उस पुनर्मिलन को भी किसी की बुरी नजर न लगे इसका भी ध्यान रखना। इस देश पर पुनः किसी विदेशी दुष्ट आततायी शासक का शासन स्थापित न होने पाये। इसके लिए इन को शिवाजी और महाराणा की माला का जप कराते रहना। इन्हें इतिहास बोध और राष्ट्रबोध कराते रहना जिससे कि फिर कोई बाबर यहां राम मन्दिर को न तोड़ने पाये और मेरा यह स्वर्गसम देश विश्वगुरू के पावन पद पर पुनः सुशोभित हो जाये। विराजमान हो जाये।....और जब यह स्वर्ण जड़ित विश्वगुरू के उस परमोच्च सिंहासन पर बैठकर शासन करें तो उस समय जब आपकी स्वर्णिम किरणें इसे स्नान कराया करें तो मेरी आत्मा की ओर से अर्घ्य दे दिया करना। इससे मैं मृत्यु में भी अमरत्व का आभास करूंगा और आपका अनन्त काल तक ऋणी रहूंगा।

सूर्य ने फिर **'तथास्तु'** कह दिया।

26 फरवरी को सावरकर जी की अधिक स्थिति खराब थी। डाक्टर्स जितना भी उन्हें ठीक रखने का प्रयास कर रहे थे, वह सब व्यर्थ जा रहा था। तब दोपहर के लगभग ग्यारह बज रहे थे तो मां भारती के इस अनन्य सेवक ने अपना नाशवान चोला चुपचाप मां भारती के आंचल में रख दिया। मां ने भी बड़े आत्मीय भाव से अपने अनन्य सेवक पुत्र को छाती से लगा लिया। मां भारती का यह सपूत अपने देहावसान से पूर्व ही कहकर गया था कि **"मेरे निधन पर हड़ताल करके, कामकाज बन्द करके राष्ट्रीय हानि न की जाये।"** अपने देश की उन्नति और विकास के प्रति कैसा समर्पण भाव है? सावरकर जी नहीं चाहते थे कि देश के कार्यों को अनावश्यक ही उनकी मृत्यु के बहाने से रोकने की गलती की जाये।

हिन्दू महासभा के भगवाध्वज में सावरकर जी का पार्थिव देह लपेटकर मोटर गाड़ी में रखा गया। लाखों व्यक्तियों ने मां भारती के इस अमृत पुत्र को अपनी भावपूर्ण श्रद्धांजलि अर्पित की। लोगों की इतनी भारी भीड़ बता रही थी कि उनके प्रति लोगों में कितनी श्रद्धा थी? वह चाहे किसी सरकारी पद पर न

रहे हों पर लोगों ने इतनी बड़ी उपस्थिति दिखाकर बता दिया कि वह वास्तव में ही **'हिन्दू हृदय सम्राट'** थे। जिन लोगों के लिए उनका हृदय धड़कता रहा, आज उन लोगों का हृदय मारे चीत्कार के फटा जा रहा था। लोगों को विश्वास नहीं हो रहा था कि जो व्यक्ति कभी ब्रिटिश साम्राज्य के सामने नहीं झुका और जिसने खरी-खरी सुनाने में किसी को भी नहीं छोड़ा वह आज मृत्यु के सामने कैसे हार गया? कैसे झुक गया? उसका मस्तक कैसे झुक गया? और कैसे उसने मृत्यु से कह दिया कि ले कर ले गिरफ्तार और जहां चाहे वहां ले चल?

जो व्यक्ति समुद्र में जहाज से छलांग लगा सकता था। वह आज इतनी लम्बी छलांग लगा गया था कि अब उसे कोई पकड़ नहीं सकता था। पंछी दूर देश की उड़ान पर उड़ लिया था। अनन्त की ओर....।

27 फरवरी को उनका अन्तिम संस्कार किया गया। उन्होंने अपनी वसीयत में कहा था–**"मेरे श्राद्ध का धन बचाकर हिन्दू धार्मिक संस्थाओं को दान में दे दिया जाये।....मैं अपने निजी कोष से पांच हजार रुपये 'शुद्धि आन्दोलन'; के लिए भेंट करता हूं। हिन्दुओं को 'शुद्धि आन्दोलन'; को सुचारू रूप से चलाते रहना चाहिए।"**

सावरकर जी ने अपनी मृत्यु को सम्बोधित करते हुए कहा था–**"मैंने पितृ और मातृ ऋण को ब्याज सहित बेबाक किया है। इस जीवन पर अब किसी का किसी भी रूप में ऋण नहीं रहा। ऐ मृत्यु अब यह जीवन केवल तुम्हारे लिए ही शेष है। तुम इसे चाहे जब खुशी के साथ ले जाओ।"**

वह लिखते हैं–**"मेरा वंश सम्पूर्ण मानव जाति की सेवा में खेत रहा है। मैंने अपने संकल्प के अनुसार प्रत्येक दिवस के कार्य को किये बिना सूर्य को अस्त नहीं होने दिया। अपने समस्त कर्त्तव्यों की पूर्ति की चेष्टा मैंने भरसक की है। अपने कृत कार्यों से मेरा जीवन सम्पन्न बना है। धार्मिक, सामाजिक, वांशिक कर्त्तव्यों का पालन मैंने किया है। मृत्यु के पश्चात होने वाली अवस्था में सुयोग्य निवास पाने के लिए मैंने अपने कर्मों से ही अग्रिम किराया दे रखा है। मुझे पूर्ण विश्वास है कि मैं अपने कर्मों के बल पर एक अच्छी सी कोठी प्राप्त करूंगा।"**

तत्कालीन प्रधानमंत्री श्रीमती इन्दिरा गांधी ने भी सावरकर जी के प्रति विशेष सम्मान प्रकट किया था। 27 फरवरी 1966 को बम्बई में उनके अन्तिम संस्कार में सम्मिलित होने के लिए फिल्मी जगत के सितारे राजनीतिक पार्टियों

के पदाधिकारी और समाज के कितने ही गणमान्य लोग बड़ी सख्या में उपस्थित थे।

आज समय परिवर्तन ले रहा है और आज का युवा सावरकर और उन जैसे क्रान्तिकारियों के जीवन चरित्र को समझने का प्रयास कर रहा है। उनकी अन्तिम इच्छा पूर्ण हो रही है। भारत का युवा इतिहास बोध और राष्ट्रबोध से भर रहा है। आने वाले समय में निश्चय ही सावरकर जी के प्रति आने वाली पीढ़ी का झुकाव बढ़ेगा। उनके साथ जितना अन्याय होना था वह हो लिया। अब तो भारत जागकर सिन्धु की ओर बढ़ रहा है। सिन्धु भारत की जागृति के इस काल की ओर बड़ी उत्सुकता से देख रही है। वह भी कह रही है कि मुझे खुलकर बहने दो, और मुझे गंगा जैसी मेरी बड़ी बहन से शीघ्र मिला दो।

अन्त में सावरकर जी के शब्दों में ही इस ग्रन्थ का समापन करता हूं—**"मैं रोग शयूया पर लेटा हुआ हूं। रोग और वृद्धावस्था ने मेरे शरीर को जर्जर बना दिया है। जीवन सन्ध्या समीप आ चुकी है। न जाने कब और किस समय रात्रि का अन्धकार छा जाए? यह सान्ध्यकाल रात्रि में परिणत हो जाये, परन्तु यह तो केवल ऊपरी प्रतिक्रिया मात्र है। इससे मेरी मानसिक अवस्था की अभिव्यक्ति नहीं होती। मेरा मन तो कहता है कि जीवन का दूसरा नाम ही मृत्यु है, और मृत्यु का दूसरा नाम ही जीवन है। जिस भांति एक स्थान पर सूर्यास्त होता है, तो दूसरे स्थान पर सूर्योदय होता है। वस्तुतः अस्त का ही दूसरा नाम उदय है, और उदय ही अस्त का द्योतक है। सूर्य तो प्रतिक्षण ही प्रदीप्त होता है केवल कुछ समय के लिए हमारी दृष्टि से ओझल मात्र हो जाता है। जीवन दृष्टि से ओझल हो जाता है तो उसे मृत्यु का नाम दे दिया जाता है।"**

ऐसी दार्शनिक बुद्धि के महान तेजस्वी और मां भारती के अमर सपूत क्रान्तिवीर विनायक दामोदर सावरकर जी को हमारी भी भावपूर्ण श्रद्धांजलि।

●●●